INIS DOM 6

Liam Breatnach

Gill & Macmillan

Gill & Macmillan Ltd
Ascaill Hume
An Pháirc Thiar
Baile Átha Cliath 12
agus cuideachtaí comhlachta ar fud an domhain
www.gillmacmillan.ie

© Liam Breatnach 2001
0 7171 3195 5
Léaráidí: Kate Walsh
Dearadh le Design Image, Dublin
Clóchuradóireacht bunaidh arna déanamh in Éirinn ag Carole Lynch

Rinneadh an páipéar atá sa leabhar seo as laíon adhmaid ó fhoraoisí rialaithe. In aghaidh gach crann a leagtar cuirtear crann amháin eile ar a laghad, agus ar an gcaoi sin déantar athnuachan ar acmhainní nádúrtha.

Gach ceart ar cosaint. Ní ceadmhach aon chuid den fhoilseachán seo a atáirgeadh, a chóipeáil ná a tharchur i gcruth ar bith ná ar dhóigh ar bith gan cead scríofa a fháil ó na foilsitheoirí ach amháin de réir coinníollacha ceadúnas ar bith a cheadaíonn cóipeáil theoranta arna eisiúint ag Gníomhaireacht Cheadúnaithe Cóipchirt na hÉireann, Lárionad Scríbhneoirí na hÉireann, Cearnóg Pharnell, Baile Átha Cliath 1.

ADMHÁLACHA

Ba mhaith leis na foilsitheoirí a mbuíochas a ghabháil leis na heagraíochtaí agus leis na daoine seo a leanas as cead a thabhairt dóibh dánta atá faoi chóipcheart a atáirgeadh sa leabhar seo:

Cló Iar-Chonnachta maidir le 'Cuairteoirí' le Seán Ó hEachthigheirn agus le 'B'fhearr Liomsa' le Éamonn Ó Ríordáin; Seán Ó Muimhneacháin maidir le 'Cois Farraige'.

Beidh na foilsitheoirí sásta socruithe cuí a dhéanamh le haon sealbhóir cóipchirt nach raibh fáil air a dhéanann teagmháil leo tar éis fhoilsiú an leabhair.

RÉAMHRÁ

Comhrá ranga, comhrá beirte, comhrá baile, cleachtaí so-dhéanta, cleachtaí éisteachta, scéalta, drámaí agus dánta taitneamhacha, tomhais, rabhlóga agus seanfhocail – tá siad go léir sa leabhar seo. Cloíonn na scéalta, dánta, srl. leis na teamaí atá aitheanta i gCuraclam na Gaeilge i. *Mé Féin, Sa Bhaile, An Scoil, Bia, An Teilifís, Ag Siopadóireacht, Caitheamh Aimsire, Éadaí, An Aimsir* agus *Ócáidí Speisialta*. Cuirfidh na cleachtaí gnéithe éagsúla den éisteacht, den labhairt, den léitheoireacht, den drámaíocht, den scríbhneoireacht agus den ghramadach chun cinn ar bhonn comhtháite.

I ngach cúigiú ceacht, déantar aithbhreithniú ar na ceachtanna roimhe trí mheán na scéalaíochta is na drámaíochta. Tá thar nócha faoin gcéad den fhoclóir agus de fhrásaí na scéalta agus na ndrámaí sin feicthe ag na daltaí sna ceachtanna is sna leabhair atá léite acu go dtí seo. Méadóidh sin, go bhfios dom, a sult is a suim sna scéalta céanna. Daingneoidh siúd an foclóir, na frásaí agus an comhrá atá foghlamtha acu go nuige seo.

Is minic a dúirt tuismitheoirí liom go raibh an Ghaeilge go léir caillte acu agus dá dheasca sin nárbh fhéidir leo cuidiú lena bpáistí. Sin an fáth ar chuir mé mionfhoclóir ag bun gach scéil sa leabhar. Measaim, freisin, go mbeidh méadú ag teacht ar líon na bpáistí ilchiníocha amach anseo. Cuideoidh an mion-fhoclóir leo siúd freisin.

Séard atá ar an dlúthdhiosca a ghabhann leis an leabhar ná scéalta, sceitsí, dánta is tascanna éisteachta. Tá script na gcleachtaí éisteachta is na sceitsí le fáil sa leabhrán Scéimeanna Bliana Rang (I–VI). D'fhéadfadh an t-oide ceann díobh seo a léamh fad atá an dalta ag éisteacht leis/léi agus ag féachaint ar phictiúr nó ar shraith phictiúr atá bunaithe air. Cuideoidh na cleachtaí líníochta is scríbhneoireachta le cumas ealaíne is scríbhneoireachta an dalta a fhorbairt.

CLÁR

			Lth
1	Cuairt ar an bhFiaclóir	Mé Féin	1
2	Peannchara		6
3	An Teach Nua	Sa Bhaile	11
4	Cluice Peile a Chonaic Mé	Ócáidí Speisialta	16
5	Dul Siar: *Scéal* — An Sionnach agus na Dreancaidí *Dráma* — An Cluiche		22
6	Na Cuairteoirí	An Scoil	27
7	Oíche Shamhna	Ócáidí Speisialta	32
8	Sailéad	Bia	38
9	Bearbaiciú		43
10	Dul siar: *Scéal* — Odysseus agus Polyphemus *Dráma* — Sa Siopa Grósaera		48
11	Sa Stiúideo	An Teilifís	53
12	An Chéad Nollaig	Ócáidí Speisialta	59
13	An Sladmhargadh	Ag Siopadóireacht	64
14	Turas go dtí an Ghaillimh	Ócáidí Speisialta	69
15	Dul Siar: *Scéal* — Rí na nÉan *Dráma* — Ag Stáisiún na Traenach		74
16	Bronntanas	Caitheamh Aimsire	79
17	An Ghráinneog agus an tEarrach	An Aimsir	84
18	Cuairt ar an bhFeirm		90
19	Timpiste	Ócáidí Speisialta	95
20	Dul Siar: *Scéal* — Bhí an tÁdh le Síle *Dráma* — San Ospidéal		100
21	Culaith Nua	Éadaí	107
22	An Garda		112
23	Litir ón nGaeltacht	Ócáidí Speisialta	117
24	Turas Scoile		123
25	Dul Siar: *Scéal* — Pól agus an Leipreachán *Dráma* — Ag Dul ar Saoire		130
26	Na Díochlaontaí		134

CEACHT 1

Comhrá beirte/Comhrá baile

Cuir ceist ar do chara.

① (a) _____ is ainm dom.
(b) Tá mé aon bhliain déag d'aois.
(c) Tá mé dhá bhliain déag d'aois.
(d) Tá gruaig fhada orm.
(e) Tá gruaig ghearr orm.
(f) Tá dath dubh ar mo chuid gruaige.
(g) Tá dath fionn ar mo chuid gruaige.
(h) Tá cónaí orm i _____.

① Inis dom fút féin.

② Cad a rinne tú ar maidin?

② (a) Nigh mé m'aghaidh agus mo lámha.
(b) D'ith mé mo bhricfeasta.
(c) Fuair mé mo mhála scoile agus tháinig mé ar scoil.

Abair nó scríobh na freagraí.

① Cad is ainm duit?
② Cén aois thú?
  Cén dath atá ar do chuid gruaige?
③ Cá bhfuil cónaí ort?

1   a haon

Comhrá: Ar nigh tú d'fhiacla ar maidin?
Cá raibh tú nuair a nigh tú iad?
Céard a chuir tú ar an scuab fiacla?
Inis dom faoi phictúir a haon/a trí.
Cé mhéad cathaoir atá sa seomra feithimh?

1 Cuairt ar an bhFiaclóir

① tinneas fiacaile
② Chuir an fáilteoir fáilte rompu.

③ ag léamh greannáin
④ masc   scáthán beag   Scrúdaigh sí a fhiacla.

⑤ banaltra   Thug sí instealladh dó sa drandal le steallaire.
⑥ Dhruileáil sí an fhiacail.

2   a dó

2 (a) Cuairt ar an bhFiaclóir

Bhí tinneas fiacaile ar Sheán inné. Bhí sé cráite aige. Níorbh fhéidir leis uachtar reoite a ithe. Thóg Mamaí é go dtí an fiaclóir.

Chuir an fáilteoir fáilte rompu. Shuigh Seán sa seomra feithimh. Thosaigh sé ag léamh greannáin. Tar éis tamaill ghlaoigh an bhanaltra air. Bhí cóta chomh bán le sneachta ar an bhfiaclóir. Fuair an fiaclóir scáthán beag. Scrúdaigh sí a fhiacla leis. Chonaic sí poll beag i gceann amháin. Fuair sí an steallaire. Thug sí instealladh dó sa drandal leis. Ansin dhruileáil sí an fhiacail. Líon sí an poll ansin.

Thaispeáin sí dó conas na fiacla a ní. Thug Mamaí airgead di. Ansin chuaigh siad abhaile. Bhí an tinneas fiacaile imithe, buíochas le Dia.

(b) Ceisteanna

1. Cár chuaigh (cá ndeachaigh) Seán inné?
2. Cé a thóg é go dtí an fiaclóir?
3. Cad a rinne an fáilteoir?
4. Cé a ghlaoigh air?
5. An raibh cóta dearg ar an bhfiaclóir?
6. Ar thug Seán airgead don fhiaclóir?

Foclóir:
cráite = tormented; Níorbh fhéidir leis = He could not; seomra feithimh = waiting room; greannán = comic; steallaire = syringe; instealladh = injection; Thaispeáin sí = She showed.

(c) Rabhlóg

Tugann Fiachra, an fiaclóir, instealladh sa drandal le steallaire.

3 (a) Le foghlaim:

Aimsir Chaite	Aimsir Fháistineach
Inné	**Amárach**
Dhún mé	Dúnfaidh mé
Dhún tú	Dúnfaidh tú
Dhún sé	Dúnfaidh sé
Dhún sí	Dúnfaidh sí
Dhúnamar (sinn)	Dúnfaimid
Dhún sibh	Dúnfaidh sibh
Dhún siad	Dúnfaidh siad

Dún
Glan Gearr Seas

Diúltach
Níor dhún mé

Diúltach
Ní dhúnfaidh mé

Ceisteach
Ar dhún tú?

Ceisteach
An ndúnfaidh tú?

D'fhág mé	Fágfaidh mé
D'fhág tú	Fágfaidh tú
D'fhág sé/sí	Fágfaidh sé/sí
D'fhágamar	Fágfaimid
D'fhág sibh	Fágfaidh sibh
D'fhág siad	Fágfaidh siad

Fág
Féach Fan Ól

Diúltach
Níor fhág mé

Diúltach
Ní fhágfaidh mé

Ceisteach
Ar fhág tú?

Ceisteach
An bhfágfaidh tú?

(b) Scríobh amach na habairtí seo a leanas gan lúibíní:

1. (Dún) Seán an doras tráthnóna inné.
2. (Fág) Síle an fhuinneog ar oscailt inné.
3. (Glan: sinn) an seomra Dé Luain seo caite.
4. (Gearr) Mamaí an t-arán amárach.
5. Ar (fan) Pól sa bhaile Dé Máirt seo caite?
6. (Seas) mé sa seomra tráthnóna amárach.
7. (Ní: féach) mé ar an teilifís inné.
8. (Ól) Ciara buidéal oráiste aréir.

4 (a) Le foghlaim:

chomh bán le sneachta   chomh dubh le gual

chomh láidir le capall    chomh milis le mil

chomh mear le giorria    chomh mall le toirtís

(b) Líon isteach na bearnaí:
1. Bhí lámha Liam _____ nuair a tháinig sé isteach ón ngairdín.
2. Bhuaigh Ciarán an rás mar bhí sé _____.
3. Nuair a chonaic Seán an taibhse bhí a aghaidh _____.
4. Thaitin an deoch le Síle. Bhí sí _____.
5. Sháigh Ciara an carr suas an cnoc. Tá Ciara _____.
6. Bhí Íde déanach don scoil mar shiúil sí _____.

5 Éist CD Rian 1

taobh clé   taobh deas

CEACHT 2

Comhrá beirte/Comhrá baile

Cuir ceist ar do chara.

1. An bhfuil deartháir agat?

1. Tá deartháir agam.
Tá deartháir amháin agam.
Tá beirt deartháireacha agam.

2. An bhfuil deirfiúr agat?

2. Tá deirfiúr agam.
Tá deirfiúr amháin agam.
Tá beirt deirfiúracha agam.

3. An bhfuil uncail agat?

3. Tá uncail agam.
Tá uncail amháin agam.
Tá beirt uncailí agam.

4. An bhfuil aintín agat?

4. Tá aintín agam.
Tá aintín amháin agam.
Tá beirt aintíní agam.

5. An bhfuil seanathair agat?

5. Tá/níl seanathair agam.

6. An bhfuil seanmháthair agat?

6. Tá/níl seanmháthair agam.

7. An bhfuil col ceathar agat?

7. Tá col ceathar agam.
Tá col ceathar amháin agam.

Abair nó scríobh na freagraí.

1. An bhfuil deirfiúr agat?
2. An bhfuil deartháir agat?
3. An bhfuil seanathair agat?
4. An bhfuil seanmháthair agat?
5. An bhfuil uncail agat?
6. Cé atá ina chónaí leat sa teach?

> Comhrá: An bhfuil cara agat? Cad is ainm dó/di?
> Cén aois é/í? Cén rang ina bhfuil sé/sí?
> Cá bhfuil cónaí air/uirthi?
> Inis dom faoi/fúithi.
> Inis dom faoi phictiúr a trí.
> Cé mhéad duine atá ag scátáil/ag sciáil? srl.

1. Peannchara

Tá peannchara agam sa Rúis.   Tá sí ina cónaí in árasán.

Tá sí ag foghlaim Béarla.   ag scátáil ar an leac oighir

ag sciáil ar an sneachta.   Téann sí i ngach áit sa tram nó sa bhus.

2 (a) Peannchara

Tá peannchara agam sa Rúis. Sasha is ainm di. Tá sí ina cónaí i Moscó. Tá deartháir amháin aici. Tá Sasha ina cónaí in árasán. Tá ceithre sheomra san árasán – seomra codlata, seomra teaghlaigh, cistin agus seomra folctha. Codlaíonn a hathair agus a máthair sa seomra teaghlaigh.

   Tosaíonn an scoil ar leathuair tar éis a hocht gach maidin. Tá Sasha ag foghlaim Béarla ar scoil.

   Bíonn an aimsir an-fhuar sa gheimhreadh. Bíonn leac oighir ar an abhainn agus bíonn sneachta i ngach áit. Téann Sasha ag scátáil ar an leac oighir agus ag sciáil ar an sneachta. Téann sí i ngach áit sa tram nó sa bhus. Cuireann sí nuacht chugam tríd an e-phost. Is maith liom mo pheannchara Sasha.

(b) Ceisteanna

1. Cá bhfuil do pheannchara ina cónaí?
2. Céard is ainm di?
3. Cé mhéad seomra atá san árasán?
4. Cé a chodlaíonn sa seomra teaghlaigh?
5. Cén t-am a thosaíonn an scoil?
6. An bhfuil sí ag foghlaim Gaeilge ar scoil, meas tú?
7. Cá mbíonn an leac oighir?
8. Cá mbíonn Sasha ag sciáil?

Foclóir:
árasán = apartment; Codlaíonn a hathair = Her father sleeps;
Tosaíonn an scoil = school starts; ag scátáil = skating; ag sciáil = skiing;
tríd an e-phost = by e-mail.

(c) Tomhas

Tá sé chomh bán le sneachta, chomh dearg le fuil, chomh milis le mil. Cad é?

3 (a) Le foghlaim:

Aimsir Chaite		Aimsir Fháistineach
Inné		**Amárach**
Chuir mé		Cuirfidh mé
Chuir tú	**Cuir**	Cuirfidh tú
Chuir sé/sí	Bris Caith Bain	Cuirfidh sé/sí
Chuireamar		Cuirfimid
Chuir sibh		Cuirfidh sibh
Chuir siad		Cuirfidh siad

Diúltach   **Diúltach**
Níor chuir mé   Ní chuirfidh mé

Ceisteach   **Ceisteach**
Ar chuir tú?   An gcuirfidh tú?

Nigh mé		Nífidh mé
Nigh tú		Nífidh tú
Nigh sé/sí	**Nigh**	Nífidh sé/sí
Níomar	Suigh Luigh	Nífimid
Nigh sibh		Nífidh sibh
Nigh siad		Nífidh siad

Diúltach   **Diúltach**
Níor nigh mé   Ní nífidh mé

Ceisteach   **Ceisteach**
Ar nigh tú?   An nífidh tú?

(b) Scríobh amach na habairtí seo a leanas gan lúibíní:

1. (Cuir) Íde a lón ina mála maidin amárach.
2. (Cuir: sinn) na leabhair sna málaí inné.
3. Ní (cuir) mé clog sa mhála Dé Luain seo chugainn.
4. (Caith) sí an liathróid san aer amárach.
5. Ar (bain) tú do bhróga díot maidin inné?
6. Ní (bris: sinn) an fhuinneog Dé Sathairn seo chugainn.
7. (Nigh) mé an t-urlár Dé hAoine seo chugainn.
8. (Suigh) Mamó nuair a bheidh tuirse uirthi.

4 (a) Le foghlaim:

1. aon chapall amháin	1. aon úll amháin
2. dhá chapall	2. dhá úll
3. trí chapall	3. trí úll
4. ceithre chapall	4. ceithre úll
5. cúig chapall	5. cúig úll
6. sé chapall	6. sé úll
7. seacht gcapall	7. seacht n-úll
8. ocht gcapall	8. ocht n-úll
9. naoi gcapall	9. naoi n-úll
10. deich gcapall	10. deich n-úll
11. aon chapall déag	11. aon úll déag
12. dhá chapall déag	12. dhá úll déag
13. trí chapall déag	13. trí úll déag
14. ceithre chapall déag	14. ceithre úll déag
15. cúig chapall déag	15. cúig úll déag
16. sé chapall déag	16. sé úll déag
17. seacht gcapall déag	17. seacht n-úll déag
18. ocht gcapall déag	18. ocht n-úll déag
19. naoi gcapall déag	19. naoi n-úll déag
20. fiche capall	20. fiche úll

(b) Scríobh amach iad seo a leanas i gceart agus cuir focail ar na huimhreacha:

1. (6 : coinín)
2. (7 : cáca)
3. (8 : caipín)
4. (9 : buidéal)
5. (13 : blús)
6. (14 : práta)
7. (10 : péist)
8. (14 : euro)
9. (9: eitleán)
10. (17 : éan)

5 Scríobh an scéal seo le do chara.

> deirfiúr – ainm – éide scoile – agam – Ba mhaith – scoite –
> a hocht a chlog – cónaí – beirt deartháireacha –
> buí agus glas – sacar – liath – in Éirinn – Síle

Mo Pheannchara

Sasha is _____ dom. Tá _____ orm i Moscó. Tá peannchara _____. Tá sí ina cónaí ___ _____. _____ is ainm di. Tá _____ amháin aici. Tá _____ _____ aici. Tá sí ina cónaí i dteach _____. Téann sí ar scoil ar __ _____ ___ _____ gach maidin. Caitheann sí _____ _____. Tá dath _____ _____ _____ ar an ngeansaí. Tá dath _____ ar an sciorta. Imríonn sí _____ i gclós na scoile. ____ _____ liom bheith sa scoil sin.

CEACHT 3

Comhrá beirte/Comhrá baile

Cuir ceist ar do chara.

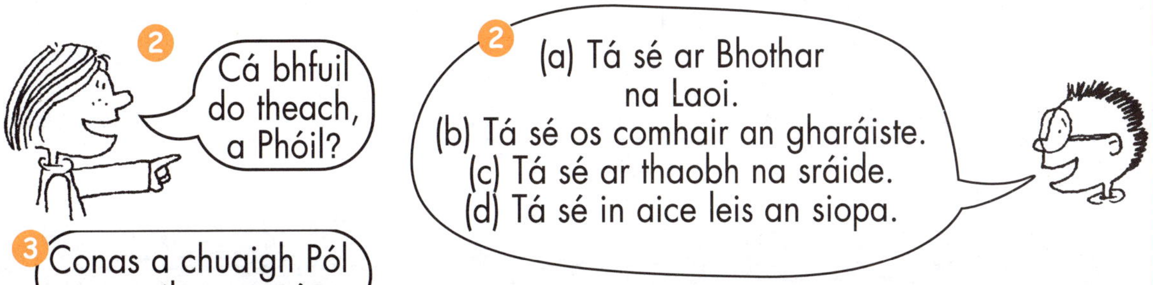

① Cad a rinne sibh?

a. Chas mé ar dheis.

b. Shiúil mé díreach ar aghaidh.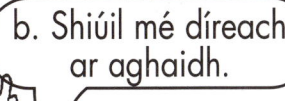

c. Chas mé ar chlé.

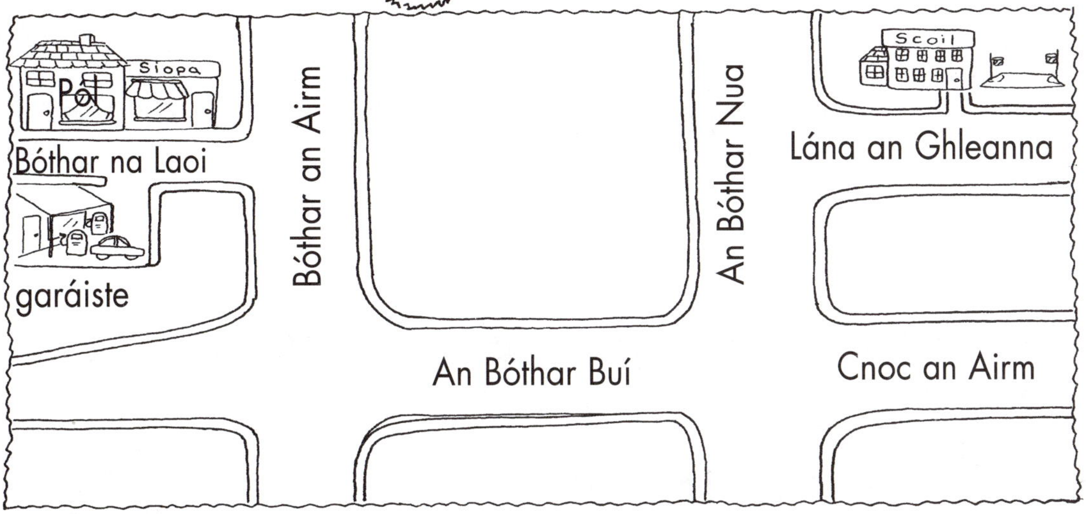

② Cá bhfuil do theach, a Phóil?

② (a) Tá sé ar Bhothar na Laoi.
(b) Tá sé os comhair an gharáiste.
(c) Tá sé ar thaobh na sráide.
(d) Tá sé in aice leis an siopa.

③ Conas a chuaigh Pól ar scoil, meas tú?

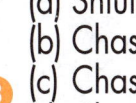

③
(a) Shiúil sé go bun Bhóthar na Laoi.
(b) Chas sé ar dheis agus shiúil sé go bun Bhóthar an Airm.
(c) Chas sé ar chlé agus shiúil sé go barr an Bhothair Bhuí.
(d) Chas sé ar chlé agus ansin ar dheis isteach i Lána an Ghleanna.
(e) Chonaic sé an scoil ar an taobh deas.

Abair nó scríobh an freagra le do chara.

Conas a chuaigh Pól abhaile ón scoil?

11   a haon déag

> Comhrá: An bhfuil tú i do chónaí i dteach sraithe/i dteach leathscoite/i mbungaló/in árasán?
> Inis dom faoi do theach.
> An mó seomra atá ann? Ainmnigh iad.
> Cad tá os comhair an tí/ar chúl an tí? srl.

1 An Teach Nua

1. teach sraithe / teach leathscoite
2. beirt fhear

Tháinig beirt fhear le leoraí mór.

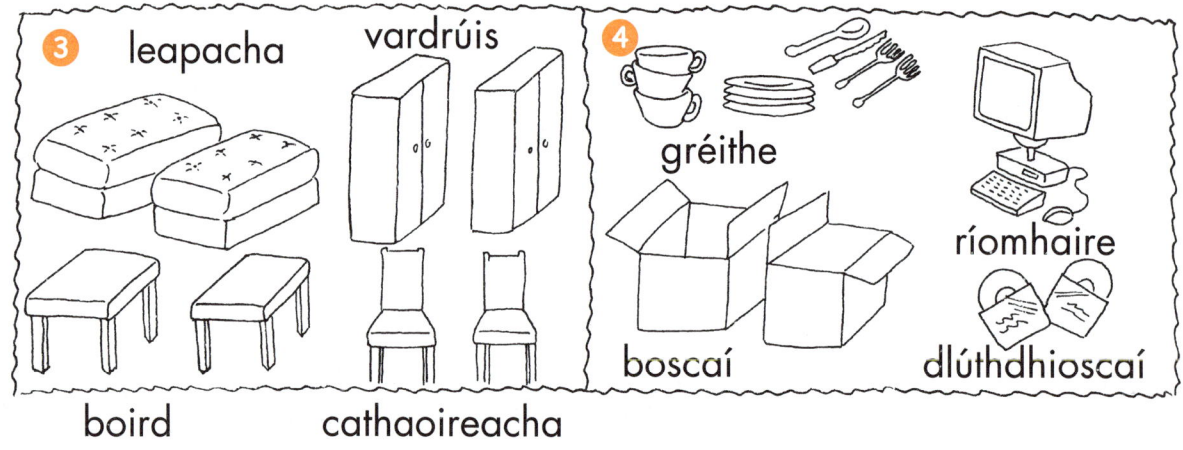

3. leapacha, vardrúis, boird, cathaoireacha
4. gréithe, boscaí, ríomhaire, dlúthdhioscaí

5. cófraí tarraiceán
6. Bhí siad tuirseach traochta.

2 (a) An Teach Nua

Bhí Ciarán agus a dheirfiúr Ciara ina gcónaí i dteach sraithe. Cheannaigh a dtuismitheoirí teach leathscoite. Tháinig beirt fhear le leoraí mór chun gach rud a thógáil go dtí an teach nua. Chuir Mamaí agus Ciarán na gréithe agus na héadaí i mboscaí. Chuir Daidí agus Ciara leabhair, ríomhaire agus dlúthdhioscaí i mboscaí eile.

Chuir na fir na leapacha, na vardrúis, na boird agus na cathaoireacha sa leoraí ar dtús. Ansin chuir siad na boscaí isteach ann. Nuair a shroich stad an teach nua, chuir siad gach rud san áit cheart.

Chuir Ciarán agus Ciara na gréithe agus na leabhair sna cófraí agus ar na seilfeanna. Chuir Mamaí na héadaí sna vardrúis agus sna cófraí tarraiceán. Bhí Daidí gnóthach, freisin. Bhí siad tuirseach traochta i ndeireadh an lae ach bhí siad an-sásta leis an teach nua.

(b) Ceisteanna

1. Cá raibh Ciara agus Ciarán ina gcónaí?
2. Ar cheannaigh a dtuismitheoirí bungaló?
3. An mó fear a tháinig sa leoraí?
4. Cár chuir Mamaí agus Ciarán na gréithe?
5. Céard a chuir Daidí agus Ciara i mboscaí?
6. Céard a chuir na fir sa leoraí?
7. Cár chuir Mamaí na héadaí?
8. An bhfuil tú i do chónaí i dteach scoite?

Foclóir:
teach sraithe = terraced house; a dtuismitheoirí = their parents; teach leathscoite = semi-detached house; dlúthdhioscaí = CDs; cófraí tarraiceán = chests of drawers; gnóthach = busy; tuirseach traochta = exhausted.

(c) Seanfhocal

Níl aon tinteán mar do thinteán féin.

 Anois, tarraing do phictiúr féin.

13. a trí déag

3 (a) Le foghlaim:

Aimsir Chaite
Inné

Cheannaigh mé
Cheannaigh tú
Cheannaigh sé/sí
Cheannaíomar
Cheannaigh sibh
Cheannaigh siad

Ceannaigh
Triomaigh
Tosaigh
Maraigh

Aimsir Fháistineach
Amárach

Ceannóidh mé
Ceannóidh tú
Ceannóidh sé/sí
Ceannóimid
Ceannóidh sibh
Ceannóidh siad

Diúltach
Níor cheannaigh mé

Ceisteach
Ar cheannaigh tú?

Diúltach
Ní cheannóidh mé

Ceisteach
An gceannóidh tú?

D'éirigh mé
D'éirigh tú
D'éirigh sé/sí
D'éiríomar
D'éirigh sibh
D'éirigh siad

Éirigh
Imigh Bailigh
Dúisigh

Éireoidh mé
Éireoidh tú
Éireoidh sé/sí
Éireoimid
Éireoidh sibh
Éireoidh siad

Diúltach
Níor éirigh mé

Ceisteach
Ar éirigh tú?

Diúltach
Ní éireoidh mé

Ceisteach
An éireoidh tú?

(b) Scríobh amach na habairtí seo a leanas gan lúibíní:

1. (Ceannaigh) Seán líreacán amárach.
2. (Brostaigh) Síle abhaile ón scoil tráthnóna amárach.
3. An (triomaigh) tú na gréithe tar éis na scoile?
4. (Tosaigh: sinn) ag canadh Dé Céadaoin seo caite.
5. (Éirigh: sinn) ar a hocht a chlog maidin inné.
6. Ní (bailigh) mé na húlla amárach.
7. (Dúisigh) Pól ar a seacht a chlog Dé Luain seo caite.
8. Ar (maraigh) an cat luch inné?

4 (a) Le foghlaim:

1. aon bhuachaill amháin
2. beirt bhuachaillí
3. triúr buachaillí
4. ceathrar buachaillí
5. cúigear buachaillí
6. seisear buachaillí
7. seachtar buachaillí
8. ochtar buachaillí
9. naonúr buachaillí
10. deichniúr buachaillí
11. aon bhuachaill déag
12. dháréag buachaillí
13. trí bhuachaill déag
14. ceithre bhuachaill déag
15. cúig bhuachaill déag
16. sé bhuachaill déag
17. seacht mbuachaill déag
18. ocht mbuachaill déag
19. naoi mbuachaill déag
20. fiche buachaill

(b) Scríobh amach iad seo a leanas i gceart agus cuir focail ar na huimhreacha:

1. (2 : cailín)
2. (4 : buachaill)
3. (6 : páiste)
4. (5 : múinteoir)
5. (7 : feirmeoir)
6. (11 : búistéir)
7. (12 : siopadóir)
8. (17 : dochtúir)
9. (10 : fiaclóir)
10. (15 : imreoir)

5 Éist  CD Rian 2

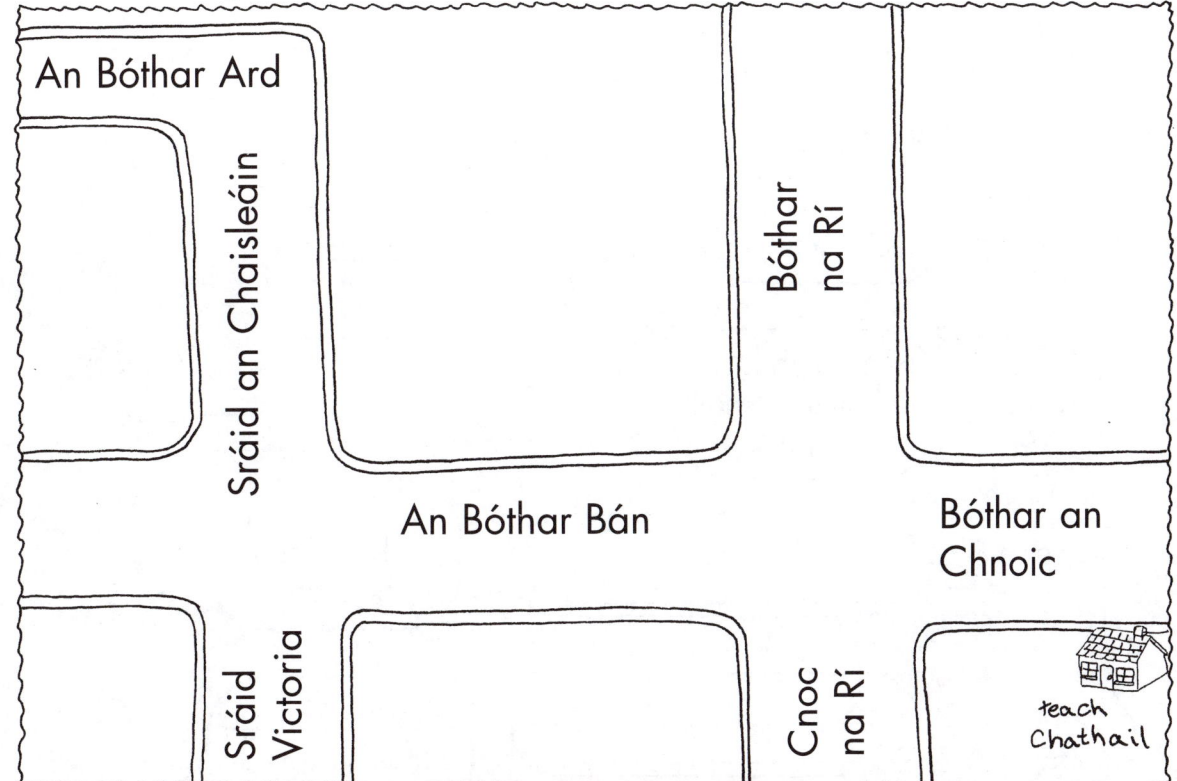

CEACHT 4

Comhrá beirte/Comhrá baile

Cuir ceist ar do chara.

1 An dóigh leat go bhfuil sé te amuigh?
2 An dóigh leat go bhfuil sé grianmhar amuigh?
3 An dóigh leat go bhfuil scamaill sa spéir?
4 An dóigh leat go bhfuil sé ag cur sneachta?

1 Is dóigh liom go bhfuil sé te amuigh.
2 Is dóigh liom go bhfuil sé grianmhar amuigh.
3 Ní dóigh liom go bhfuil scamaill sa spéir.
4 Ní dóigh liom go bhfuil sé ag cur sneachta.

Abair nó líon isteach na bolgáin le do chara.

1 An dóigh leat go bhfuil sé fliuch amuigh?

1 _____

2 An dóigh leat go bhfuil scamaill sa spéir?

2 _____

3 _____ ?

3 Ní dóigh liom go bhfuil sé te amuigh.

4 _____ ?

4 Is dóigh liom go bhfuil sé ag cur fearthainne.

Comhrá:
An imríonn tú peil?
An imríonn tú iománaíocht?
Cé acu is fearr leat, peil nó iománaíocht?
An bhfuil camán/sliotar/clogad agat?
An bhfaca tú cluiche peile/cluiche iománaíochta riamh?
Inis dom faoi.

1. Cluiche Peile a Chonaic mé

Ardán Uí Ógáin

Thosaigh an réiteoir an cluiche.   Rinne sé calaois uafásach.

Thaispeáin an réiteoir cárta dearg dó.   Shleamhnaigh an lánchúlaí.

2 (a) Cluiche Peile a Chonaic mé

Bhí Corcaigh agus Doire ag imirt peile i bPáirc an Chrócaigh Dé Domhnaigh seo caite. Bhí suíochán agam in Ardán Uí Ógáin.

Thosaigh an réiteoir an cluiche ar leathuair tar éis a trí. Bhí an chéad leath leadránach go leor. Ach roimh leath ama rinne leath-thosaí Chorcaí, Liam Ó Sé, calaois uafásach ar leathchúlaí Dhoire. Thaispeáin an réiteoir cárta dearg dó. Bhí air imeacht den pháirc.

Bhí an dara leath i bhfad níos fearr. Bhí na foirne ar comhscór nóiméad roimh dheireadh an chluiche. Ansin rug lántosaí Chorcaí ar an liathróid. Shleamhnaigh an lánchúlaí agus fuair an fear ó Chorcaigh cúilín gleoite. Shéid an réiteoir an fheadóg agus bhí an cluiche thart. Bhí an bua ag Corcaigh. Thaitin an cluiche sin go mór liom.

(b) Ceisteanna
1. Cá raibh Corcaigh agus Doire ag imirt?
2. Cá raibh tú i do shuí?
3. Cathain a thosaigh an cluiche?
4. Cad a rinne Liam Ó Sé?
5. Ar thaispeáin an réiteoir cárta buí dó?
6. An raibh an dara leath leadránach?
7. An bhfuair lántosaí Chorcaí cúl?
8. An raibh foireann amháin i bhfad níos fearr ná an fhoireann eile? Cá bhfios duit?

Foclóir:
Páirc an Chrócaigh = Croke Park; Ardán Uí Ógáin = The Hogan Stand;
réiteoir = referee; leadránach = boring; leath-thosaí = half forward;
calaois uafásach = a terrible foul; ar comhscór = level;
shleamhnaigh sé = he slipped; cúilín gleoite = a beautiful point.

(c) Tomhas
Tá ceann amháin i nDoire agus tá ceann amháin i gCorcaigh ach níl aon cheann i mBaile Átha Cliath. Cad é?

An litir 'r'.

3 (a) Le foghlaim:
Aimsir Láithreach

Dún	**Cuir**	**Ceannaigh**
(gach lá)	(gach lá)	(gach lá)
Dúnaim	Cuirim	Ceannaím
Dúnann tú	Cuireann tú	Ceannaíonn tú
Dúnann sé/sí	Cuireann sé/sí	Ceannaíonn sé/sí
Dúnaimid	Cuirimid	Ceannaímid
Dúnann sibh	Cuireann sibh	Ceannaíonn sibh
Dúnann siad	Cuireann siad	Ceannaíonn siad
Diúltach	**Diúltach**	**Diúltach**
Ní dhúnaim	Ní chuirim	Ní cheannaím
Ceisteach	**Ceisteach**	**Ceisteach**
An ndúnann tú?	An gcuireann tú?	An gceannaíonn tú?

Fág	**Nigh**	**Éirigh**
Fágaim	Ním	Éirím
Fágann tú	Níonn tú	Éiríonn tú
Fágann sé/sí	Níonn sé/sí	Éiríonn sé/sí
Fágaimid	Nímid	Éirímid
Fágann sibh	Níonn sibh	Éiríonn sibh
Fágann siad	Níonn siad	Éiríonn siad
Diúltach	**Diúltach**	**Diúltach**
Ní fhágaim	Ní ním	Ní éirím
Ceisteach	**Ceisteach**	**Ceisteach**
An bhfágann tú?	An níonn tú?	An éiríonn tú?

(b) Scríobh amach na habairtí seo a leanas gan lúibíní:

1. (Cuir) Pól úll ina mhála gach maidin.
2. (Nigh) Nóra a haghaidh gach lá.
3. (Éirigh: sinn) ar a hocht a chlog gach lá scoile.
4. An (fág) tú do lón sa bhaile gach maidin?
5. An (dún) tú an doras gach tráthnóna?
6. Ní (ceannaigh) Máire oráiste gach seachtain.
7. An (cuir) tú an teilifís ar siúl gach oíche?
8. An (bris) Pól a pheann luaidhe gach lá ar scoil?

4 (a) Le foghlaim:

Rinne sí calaois. Shéid sí an fheadóg. Thóg sí poc saor. Fuair sí cúilín.

maor cúil
réiteoir
cúl báire
bratach ghlas

Thóg sí poc pionóis. Fuair sí cúl. Bhuail sí an trasnán. Chuir sí an liathróid ar seachrán.

(b) Tarraing agus dathaigh an pictiúr seo a leanas i do chóipleabhar.

Lá breá grianmhar a bhí ann. Bhí an sliotar ar an bhféar. Bhí mo chara Ciarán ina sheasamh in aice leis. Bhí sé chun poc pionóis a thógáil. Bhí an cúl báire sa chúl. Bhí an lánchúlaí deas ar an taobh deas de agus bhí an lánchúlaí clé ar an taobh clé de. Bhí geansaí buí agus gorm ar Chiarán. Bhí geansaí corcra agus bán ar an lánchulaí clé agus bhí geansaí oráiste ar an gcúl báire. Bhí bratach ghlas ar thaobh amháin den chúl agus bhí bratach bhán ar an taobh eile. Bhí maor cúil ina sheasamh ar gach taobh den chúl.

CD Rian 3

An Iomáint

Ar dhroim an domhain
Níl radharc is áille
Ná tríocha fear
Ag bualadh báire.

Ar pháirc mhór ghlas
Faoi thaitneamh gréine,
Is na gártha áthais
Ag dul chun spéire.

Dhá fhoireann ghroí
In aghaidh a chéile,
Gach fear i mbarr
A nirt is a réime.

Camáin á luascadh
Ar fud na páirce,
Is an sliotar ag imeacht
Ar luas in airde.

An tríocha fear
Ag rith is ag léimneach,
Buillí á mbualadh
Le neart is le héifeacht.

Tapúlacht coise
Is oilteacht láimhe,
Ar dhroim an domhain
Níl radharc is áille.

Seán Ó Finneadha

Foclóir: radharc = sight; ag bualadh báire = ag iománaíocht; gártha áthais = shouts of joy; groí = láidir; I mbarr a nirt is a réime = at the height of his strength and career; ar luas = go tapa; le héifeacht = with effect; tapúlacht coise = quickness of foot; oilteacht láimhe = dexterity of hand.

CEACHT 5

An Sionnach agus na Dreancaidí CD Rian 4

Bhí tuirse an domhain ar an seansionnach.

"Táim tuirseach traochta," ar seisean. "Táim ag dul isteach sa leaba."

"Táimse ag dul a chodladh, freisin," arsa an sionnach óg agus chuaigh sé isteach sa leaba.

Tar éis tamaill bhí an seansionnach ina chodladh. Chas an sionnach óg ar dheis agus ar chlé, ach níorbh fhéidir leis dul a chodladh. Dhúisigh sé a athair.

"A Dhaidí," ar seisean. "Ní féidir liom dul a chodladh. Tá tochas i mo dhroim, i m'eireaball agus i mo chluasa."

"Tar anseo," arsa an seansionnach, "agus scrúdóidh mé thú."
Scrúdaigh sé a dhroim, a eireaball agus a chluasa.

"Há! há!" ar seisean. "Tá na céadta dreancaid ar do dhroim, ar do chosa agus ar d'eireaball."

"Ó! táim cráite acu," arsa an sionnach óg. "Conas a chuirfidh mé an ruaig orthu?"

"Tar liomsa," arsa an t-athair.

Foclóir: Dreancaidí = fleas; tochas = itch; eireaball = tail; scrúdóidh mé = I will examine.

Chuaigh siad amach sa pháirc. Bhí caoirigh sa pháirc seo. Bhí píosa olla ar an bhféar. Thug an seansionnach an píosa olla don sionnach óg. "Cuir é sin i do bhéal," ar seisean, "agus lean mise."

Bhí abhainn ag bun na páirce. Shiúil siad go dtí an abhainn.

"Anois," arsa an seansionnach, "cuir do dhroim leis an abhainn agus siúil isteach san uisce."

Chuir an sionnach óg a dhroim leis an abhainn agus thosaigh sé ag siúl isteach san uisce. Bhí dreancaidí ar a eireaball. Nuair a mhothaigh siad an t-uisce thosaigh siad ag béicíl.

"Lean mise," arsa rí na ndreancaidí agus rith sé suas an t-eireaball. Lean na dreancaidí eile é. Shiúil an sionnach níos faide isteach san uisce. Shiúil na dreancaidí go dtí ceann an tsionnaigh agus ansin go dtí an píosa olla. Chuir an sionnach a cheann faoin uisce agus d'oscail sé a bhéal. D'imigh an píosa olla le sruth agus na dreancaidí go léir uirthi.

Tháinig an sionnach óg as an uisce. Bhí an tochas imithe.

"Tá an tochas imithe," ar seisean. "Go raibh maith agat, a Dhaidí."

"Fáilte romhat," arsa an seansionnach. "Anois, is féidir leat dul a chodladh."

Foclóir: caoirigh = sheep; píosa olla = piece of wool; mhothaigh siad = they felt; le sruth = with the stream; imithe = gone.

 An Cluiche CD Rian 5

Seán: An raibh sibh ag an gcluiche aréir?
Ciarán: Ní rabhamar. Cé a bhí ag imirt?
Seán: Bhí foireann ón tSráid Mhór ag imirt i gcoinne foireann ón mBóthar Mór.
Ciara: Cár imir siad an cluiche?
Seán: D'imir siad é sa spás oscailte atá ar chúl scoil Naomh Eoin.
Ciarán: Cé a bhuaigh an cluiche?
Seán: Bhuaigh an fhoireann ón tSráid Mhór é.
Ciara: An raibh an cluiche go maith?
Seán: Bhí sé ar fheabhas. Bhí an fhoireann ón mBóthar Mór go hanmhaith sa chéad leath agus bhí siad cúl chun tosaigh ar leath ama.
Ciara: Cad a tharla dóibh?
Seán: Bhuel, shleamhnaigh an lánchúlaí agus chas sé a rúitín agus bhí air imeacht den pháirc.
Ciarán: An raibh an t-ionadaí go dona?
Seán: Bhí sé maith go leor ach níorbh fhéidir leis stop a chur leis an lántosaí. Fuair sé cúl agus cúilín.
Ciara: Cathain a bheidh an chéad chluiche eile ar siúl?
Seán: Níl a fhios agam.
Ciarán: Bhuel, inis dúinn nuair a bheidh a fhios agat.
Seán: Déanfaidh mé é sin cinnte. Slán.
Ciarán agus Ciara: Slán, a Sheáin.

Foclóir: Ní rabhamar = we were not; i gcoinne foireann = against a team; ar fheabhas = excellent; an t-ionadaí = the substitute; cinnte = certainly.

3 (a)

Ná déan dearmad

Aimsir Chaite inné	Aimsir Láithreach (gach lá)	Aimsir Fháistineach amárach
Ghlan mé	Glanaim	Glanfaidh mé
Ghlan tú	Glanann tú	Glanfaidh tú
Ghlan sé/sí	Glanann sé/sí	Glanfaidh sé/sí
Bhris mé	Brisim	Brisfidh mé
Bhris tú	Briseann tú	Brisfidh tú
Bhris sé/sí	Briseann sé/sí	Brisfidh sé/sí
D'ól mé	Ólaim	Ólfaidh mé
D'ól tú	Ólann tú	Ólfaidh tú
D'ól sé/sí	Ólann sé/sí	Ólfaidh sé/sí
Nigh mé	Ním	Nífidh mé
Nigh tú	Níonn tú	Nífidh tú
Nigh sé/sí	Níonn sé/sí	Nífidh sé/sí
Thriomaigh mé	Triomaím	Triomóidh mé
Thriomaigh tú	Triomaíonn tú	Triomóidh tú
Thriomaigh sé/sí	Triomaíonn sé/sí	Triomóidh sé/sí
Dhúisigh mé	Dúisím	Dúiseoidh mé
Dhúisigh tú	Dúisíonn tú	Dúiseoidh tú
Dhúisigh sé/sí	Dúisíonn sé/sí	Dúiseoidh sé/sí
D'éirigh mé	Éirím	Éireoidh mé
D'éirigh tú	Éiríonn tú	Éireoidh tú
D'éirigh sé/sí	Éiríonn sé/sí	Éireoidh sé/sí

(b) Léigh an giota seo a leanas:

Dúisím ar a hocht a chlog gach maidin. Éirím ansin. Siúlaim go dtí an seomra folctha. Dúnaim an doras. Cuirim uisce sa doirteal. Ním m'aghaidh agus mo lámha. Triomaím mé féin le tuáille. Siúlaim go dtí an seomra codlata. Bainim mo chulaith codlata díom. Cuirim mo chuid éadaigh orm.

Cuir an giota thuas san Aimsir Chaite. Tosaigh mar seo:

Dhúisigh mé . . . maidin inné.

(c) Léigh an giota seo a leanas:

Shiúil Seán go dtí an chistin. D'ullmhaigh sé an bricfeasta. Shuigh sé chun boird. D'ól sé tae. Ghearr sé an t-arán agus leath sé im air. Bhailigh sé na leabhair agus chuir sé iad isteach sa mhála scoile. D'fhág sé slán ag a Mhamaí. Shiúil sé ar scoil. Bhuail sé lena chara Ciarán agus thosaigh siad ag caint.

Cuir an giota thuas san Aimsir Fháistineach. Tosaigh mar seo: Siúlfaidh Seán . . . amárach.

4 Líon gach bosca leis an bhfocal ceart.

1. a l e b a			8. ú c l		
2. a v d r ú r s			9. l c ú á b r i e		
3. i t c r a o a h			10. i í c l ú n		
4. i l s f e			11. é i e i r r o t		
5. ó c r f a			12. a g ó f d e		
6. r b d o			13 i s t r l a o		
7. a l e h b i a r			14. a b t r h c a		

5 Bris an cód agus freagair an cheist.

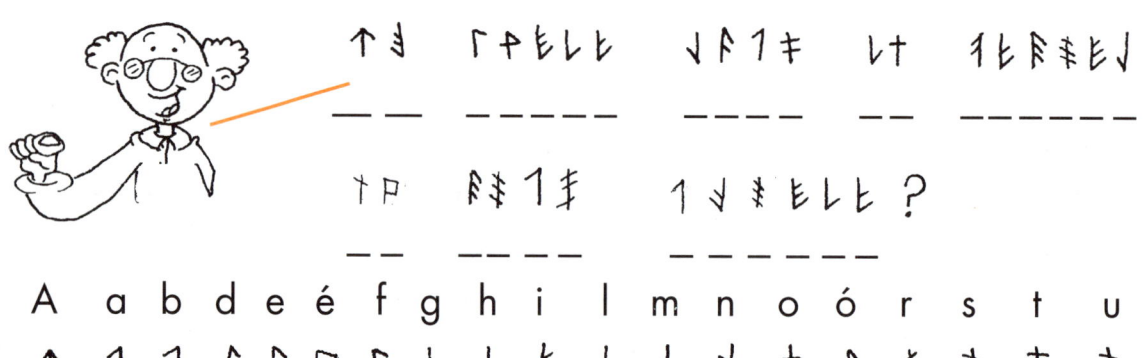

CEACHT 6

Comhrá beirte/Comhrá baile

Cuir ceist ar do chara.

1 Inis dom faoin scoil seo.

1
(a) ____ is ainm don scoil seo.
(b) Tá/Níl halla sa scoil seo.
(c) Tá a lán múinteoirí sa scoil seo.
(d) Tá a lán seomraí sa scoil seo.
(e) Tá seomra foirne sa scoil seo.
(f) Tá seomra fearais sa scoil seo.

2 Céard atá sa seomra fearais?

2
(a) Tá teilifíseáin sa seomra fearais.
(b) Tá físeáin ann.
(c) Tá fístaifeadán ann.
(d) Tá dlúthdhioscaí ann.

3
(a) An ndeachaigh tú ar scoil inné?
(b) An dtéann tú ar scoil gach lá?
(c) An rachaidh tú ar scoil amárach?

3
(a) Chuaigh mé ar scoil inné.
(b) Téim ar scoil gach lá.
(c) Rachaidh mé ar scoil amárach.

Foclóir: seomra foirne = staff room; seomra fearais = equipment room; físeáin = videos; fístaifeadán = VTR; dlúthdhioscaí = compact discs.

Scríobh an freagra le do chara.

Cuideoidh na focail agus na frásaí seo leat.

Inis dom faoin seomra seo.

léarscáil – féilire – cruinneog – soilse – leabharlann – radaitheoir – ag barr an tseomra – ag bun an tseomra – fuinneoga – doras

27   fiche a seacht

Comhrá: Cén t-ábhar atá á dhéanamh agat anois?
Ainmnigh aon ábhar eile a dhéanann tú?
Cé acu is fearr leat, Gaeilge nó Béarla / eolaíocht nó matamaitic?
An fuath leat aon ábhar?
Cén t-am anois é? srl.

1 Na Cuairteoirí

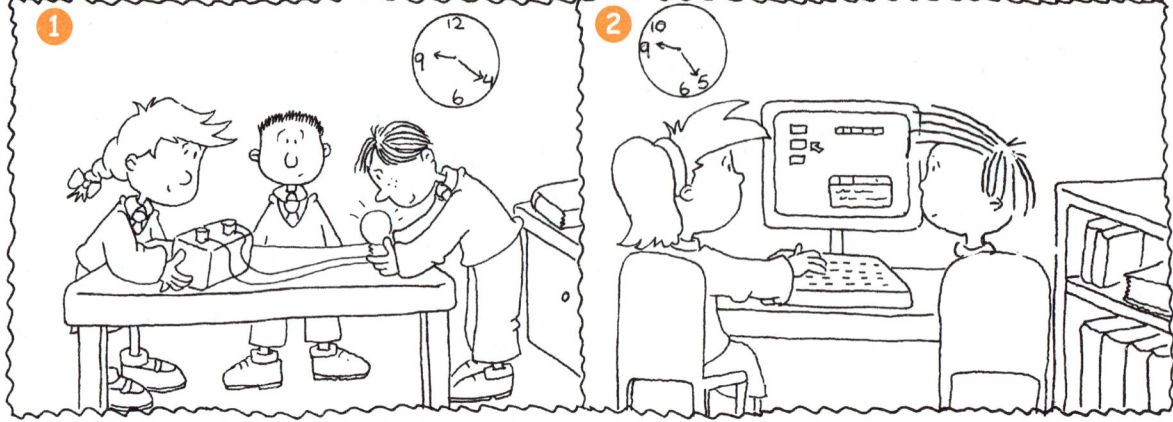

ag déanamh triail eolaíochta   ag scimeáil ar an idirlíon.

coróin órga   coimhthíoch   glaethéip   rialóir

Lean coimhthígh eile é.   D'ith sé glaethéip.

na coimhthígh   spáslong

D'ith sé an leabhar 'Inis Dom'.

2 (a) Na Cuairteoirí

Bhí gach páiste ag obair sa rang. Bhí grúpa páistí ag déanamh triail eolaíochta. Bhí Síle agus Ciarán ag scimeáil ar an idirlíon. Bhí ciúnas sa rang.

Díreach ansin, tháinig coimhthíoch isteach sa seomra. Bhí coróin órga ar a cheann. Lean coimhthígh eile é. Shiúil an rí go barr an ranga. Thóg sé glaethéip agus d'ith sé í. Sháigh sé rialóir ina bhéal ach níor thaitin sé leis. Shiúil sé go deasc Sheáin. Rug sé ar an leabhar 'Inis Dom'. D'ith sé é. Ansin rug na coimhthígh eile ar gach 'Inis Dom' sa rang agus d'ith siad iad. Bhí an múinteoir ag bun an ranga. Ghabh an rí buíochas léi.

Ansin chuaigh na coimhthígh amach sa chlós. Chuaigh siad isteach i spáslong agus i bpreabadh na súl bhí siad as radharc. Ní dhéanfaidh an rang dearmad ar an lá sin choíche.

(b) Ceisteanna

1. Cé a bhí ag scimeáil ar an idirlíon?
2. Cé a tháinig isteach an doras?
3. Céard a bhí ar a cheann?
4. Cár shiúil an rí?
5. Cá bhfuair sé an leabhar 'Inis Dom'?
6. Cá raibh an múinteoir?
7. Cé a ghabh buíochas leis an múinteoir?
8. An bhfaca tú coimhthíoch ar an teilifís?

Foclóir:
triail eolaíochta = a science experiment; ag scimeáil ar an idirlíon = surfing the net; coimhthíoch = alien; coróin órga = a golden crown; glaethéip = sellotape; Sháigh sé = He stuck; Ghabh an rí buíochas léi = The king thanked her; i bpreabadh na súl = in the wink of an eye; choíche = ever.

(c) Seanfhocal
Is maith an t-anlann an t-ocras.

Anois, tarraing do phictiúr féin.

3 (a) Le foghlaim:

Aimsir Chaite inné	Aimsir Láithreach (gach lá) Téigh	Aimsir Fháistineach amárach
Chuaigh mé	Téim	Rachaidh mé
Chuaigh tú	Téann tú	Rachaidh tú
Chuaigh sé/sí	Téann sé/sí	Rachaidh sé/sí
Chuamar	Téimid	Rachaimid
Chuaigh sibh	Téann sibh	Rachaidh sibh
Chuaigh siad	Téann siad	Rachaidh siad
Diúltach	**Diúltach**	**Diúltach**
Ní dheachaigh mé	Ní théim	Ní rachaidh mé
Ní dheachaigh tú	Ní théann tú	Ní rachaidh tú
Ní dheachaigh sé/sí	Ní théann sé/sí	Ní rachaidh sé/sí
Ní dheachamar	Ní théimid	Ní rachaimid
Ní dheachaigh sibh	Ní théann sibh	Ní rachaidh sibh
Ní dheachaigh siad	Ní théann siad	Ní rachaidh siad
Ceisteach	**Ceisteach**	**Ceisteach**
An ndeachaigh tú?	An dtéann tú?	An rachaidh tú?

(b)

ordú — Téigh go dtí an doras, a Chiara.

(c) **Líon isteach na bearnaí sna habairtí seo a leanas:**

1. (Téigh) Seán ar scoil inné.
2. (Téigh: sinn) cois farraige Dé Luain seo caite.
3. (Téigh) na páistí ar scoil gach lá.
4. (Téigh) m'athair isteach sa siopa gach maidin.
5. (Téigh) Mamaí go dtí an leabharlann amárach.
6. (Téigh) mé ar Aifreann Dé Domhnaigh seo chugainn.
7. Ní (téigh) Ciarán ar scoil inné.
8. Ní (téigh) Íde go dtí an fiaclóir gach lá.

4 (a) Le foghlaim:

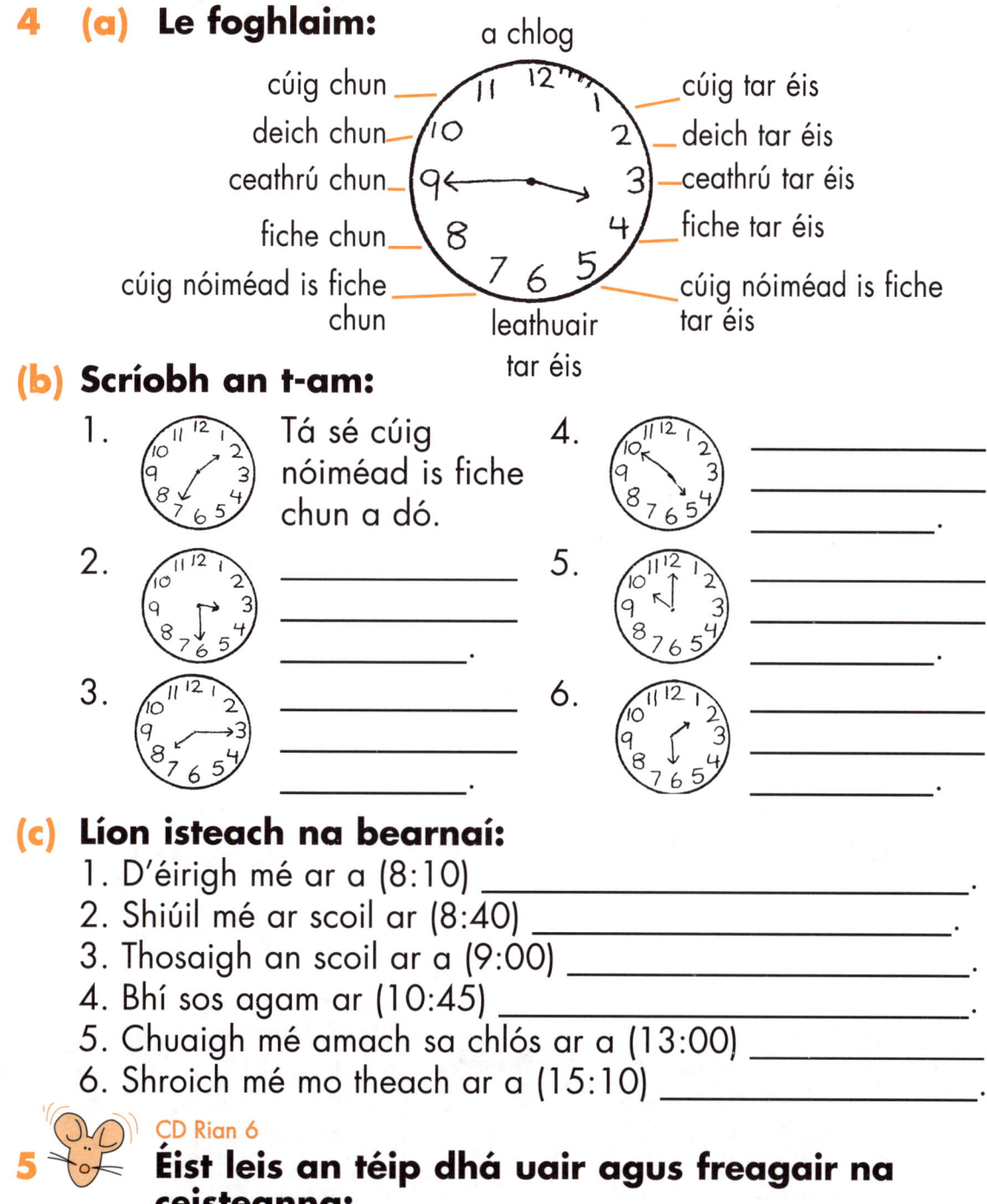

a chlog
cúig chun ___ ___ cúig tar éis
deich chun ___ ___ deich tar éis
ceathrú chun ___ ___ ceathrú tar éis
fiche chun ___ ___ fiche tar éis
cúig nóiméad is fiche chun ___ ___ cúig nóiméad is fiche tar éis
leathuair tar éis

(b) Scríobh an t-am:

1. Tá sé cúig nóiméad is fiche chun a dó.
2. _____
3. _____
4. _____
5. _____
6. _____

(c) Líon isteach na bearnaí:
1. D'éirigh mé ar a (8:10) _____.
2. Shiúil mé ar scoil ar (8:40) _____.
3. Thosaigh an scoil ar a (9:00) _____.
4. Bhí sos agam ar (10:45) _____.
5. Chuaigh mé amach sa chlós ar a (13:00) _____.
6. Shroich mé mo theach ar a (15:10) _____.

CD Rian 6

5 Éist leis an téip dhá uair agus freagair na ceisteanna:
1. Cén t-am a bhuail an clog?
2. Cár chuir Nóra a leabhar Béarla?
3. Cá raibh an ceapaire cáise?
4. Céard a thug a cara di?
5. Ceard a d'ól Nóra?
6. Céard a chonaic Nóra ar an urlár?
7. Céard a bhí ag bun an tseomra?
8. Cár chuir Nóra an píosa páipéir?

31 tríocha a haon

CEACHT 7

Ócáidí Speisialta

Comhrá beirte/Comhrá baile

Cuir ceist ar do chara.

1 Inis dom faoi Oíche Shamhna.

1
(a) Tháinig mo chairde go dtí an teach.
(b) Bhí féasta mór againn.
(c) D'imríomar a lán cluichí.
(d) Bhí an-spórt againn.
(e) Thaitin an oíche go mór liom.

2 Cad a d'ith tú Oíche Shamhna?

2
(a) D'ith mé bairín breac.
(b) D'ith mé cnónna.
(c) D'ith mé borróga.
(d) D'ith mé milseáin.

3 Cad a d'ól tú Oíche Shamhna?

3
(a) D'ól mé líomanáid.
(b) D'ól mé oráiste.
(c) D'ól mé lúcosáid.

4 Ainmnigh na cluichí a d'imir tú.

4
(a) D'imir mé snap úll.
(b) D'imir mé cluiche púicín.
(c) D'imir mé an cluiche 'Faigh an euro'.

Abair nó scríobh na freagraí.

1. An maith leat bairín breac?
2. Ar ith tú bairín breac Oíche Shamhna?
3. Ar ith tú borróga Oíche Shamhna?
4. Ar ith tú cnónna Oíche Shamhna?
5. Cé acu is fearr leat, borróga nó milseáin?

Comhrá: Cá bhfuil Mamaí? An bhfuil sí ina suí/ina luí?
An bhfuil an solas múchta/ar lasadh?
Inis dom faoi phictiúr a dó.
Cé atá ag rith timpeall an bhoird?
Céard atá ar an mbord?
Cár chuir Ciara an físeán? srl.

1 Oíche Shamhna

1 Chroch Mamaí úll den tsíleáil.

2 Chuir Daidí púicín ar shúile Chiara.

3 Leag sí cathaoir. Rith sí i ndiaidh Sheáin agus Shíle.

4 físeán uafáis / fístaifeadán

5 Chuir sé scéin an domhain orthu.

6 pléascóga — Thug Mamaí pléascóga do Sheán agus do Shíle.

33 tríocha a trí

2 (a) Oíche Shamhna

Bhí an-oíche ag Ciara aréir. Tháinig a cairde, Seán agus Síle, go dtí an teach. Bhí féasta mór acu. Ansin d'imir siad cluichí.

Chroch Mamaí úll den tsíleáil. Bhí ar na páistí breith ar an úll lena mbéal. Theip ar gach duine acu breith ar an úll. Ansin d'imir siad cluiche púicín. Chuir Daidí púicín ar shúile Chiara. Rith sí i ndiaidh Sheáin agus Shíle. Leag sí cathaoir. Thosaigh gach duine ag gáire.

Bhí físeán ag Ciara. Físeán uafáis ba ea é. Chuir sí ar siúl é san fhístaifeadán. Chuir sé scéin an domhain orthu ach thaitin sé leo. Thug Mamaí pléascóga do Sheán agus do Shíle nuair a bhí siad ag dul abhaile.

Cinnte, bhí an-spórt ag Ciara, Oíche Shamhna.

(b) Ceisteanna

1. Cé a tháinig go teach Chiara?
2. Cad a rinne Mamaí?
3. Cár chuir Daidí an púicín?
4. Cén fáth ar thosaigh gach duine ag gáire?
5. Cen sórt físeáin a bhí ag Ciara?
6. Ar chuir an físeán fearg an domhain ar na páistí?
7. Ar thaitin an físeán leo?
8. Ar thaitin Oíche Shamhna le Ciara, meas tú?

Foclóir:
aréir = last night; Chroch sí = she hung; den tsíleáil = from the ceiling; breith = catch; i ndiaidh = after; Leag sí = she knocked; físeán uafáis = horror video; fístaifeadán = video tape recorder.

(c) Seanfhocal

Is fearr rith maith ná drochsheasamh.

3 (a) Le foghlaim:

Aimsir Chaite inné	Aimsir Láithreach (gach lá) Tar	Aimsir Fháistineach amárach
Tháinig mé	Tagaim	Tiocfaidh mé
Tháinig tú	Tagann tú	Tiocfaidh tú
Tháinig sé/sí	Tagann sé/sí	Tiocfaidh sé/sí
Thángamar	Tagaimid	Tiocfaimid
Tháinig sibh	Tagann sibh	Tiocfaidh sibh
Tháinig siad	Tagann siad	Tiocfaidh siad
Diúltach	**Diúltach**	**Diúltach**
Níor tháinig mé	Ní thagaim	Ní thiocfaidh mé
Ceisteach	**Ceisteach**	**Ceisteach**
Ar tháinig tú?	An dtagann tú?	An dtiocfaidh tú?

(b) Scríobh amach na habairtí seo a leanas gan lúibíní:
1. (Tar) m'uncail ar cuairt chugam inné.
2. Níor (tar) an cigire isteach sa scoil inné.
3. Ar (tar) d'aintín ar cuairt chugat inné?
4. (Tar: sinn) abhaile ar a trí a chlog inné.
5. An (tar) tú liom go dtí an cluiche amárach?
6. (Tar) captaen na loinge amárach.
7. (Tar) na fáinleoga go dtí an tír seo gach samhradh.
8. (Tar: mé) ar scoil gach maidin ar a naoi a chlog.

4 (a) Le foghlaim:

ag an ← urú

Tá úll ag an mbuachaill. Tá leabhar ag an gcailín.
agam (mé)   Tá róbat agam sa bhaile.
agat (tú)   Tá a fhios agam cá bhfuil tú.
aige (sé)   Bhí an dochtúir agam inné.
aici (sí)   Tá eolas agam ar an ríomhaire.
againn (sinn) Tá snámh go maith agam.
agaibh (sibh) Tá súil agam go bhfuil tú go maith.
acu (siad)   Tá aithne agam ar Sheán.

(b) Líon na bearnaí sna habairtí seo a leanas:
1. Bhuail mé le Seán ag an (geata) _____.
2. Tá euro _____ Ciara ach níl glaethéip (sí) _____.
3. Tá a fhios (sinn) _____ go bhfuil rialóir (sé) _____.
4. Níl aithne (mé) _____ ar an gcigire.
5. An bhfuil a fhios (tú) _____ cá bhfuil Íde?
6. Nóra: Bhí an dochtúir _____ inné.
7. Mé féin agus Áine: Tá ríomhaire _____.
8. Buachaillí agus cailíní: Tá rothair _____.

5 Aimsigh le do chara cúig dhifríocht idir pictiúr A agus pictiúr B.

Cuairteoirí

Bhí an bord leagtha agam.
Ní raibh na cuairteoirí tagtha fós.
Shuigh mé síos ag an bhfuinneog
Ag féachaint amach sa chlós.

Bia breá blasta,
Arán bán agus donn.
"Tá súil agam," arsa mise,
"Go dtiocfaidh siad in am."

Ansin chuala mé torann.
Bhí siad ag teacht.
Ach d'fhan mé i mo shuí,
Go ciúin, ag fanacht.

Tráthnóna i rith an gheimhridh
Agus an talamh crua, fuar,
Tháinig na héiníní.
Idir bheag agus mór.

Seán Ó hEachthigheirn

CEACHT 8

Comhrá beirte/Comhrá baile

Cuir ceist ar do chara.

1 Inis dom faoin siopa glasraí.

1
(a) Tá sé ar thaobh na sráide.
(b) Tá sé san ionad siopadóireachta.
(c) Tá sé i lár an bhaile.
(d) Tá glasraí ar díol ann.
(e) Tá torthaí ar díol ann.

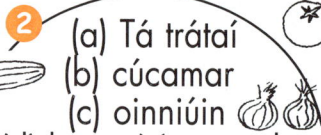

2 Ainmnigh na glasraí atá ann.

2
(a) Tá trátaí
(b) cúcamar
(c) oinniúin
(d) leitís (e) cairéid
(f) soilire
(g) prátaí (h) cabáiste
(i) cóilis
(j) peirsil
(k) muisiriúin
ann.

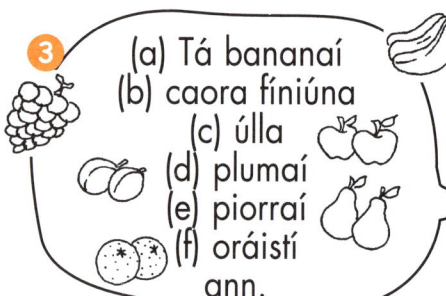

3 Ainmnigh na torthaí atá ann.

3
(a) Tá bananaí
(b) caora fíniúna
(c) úlla
(d) plumaí
(e) piorraí
(f) oráistí
ann.

Foclóir: trátaí = tomatoes; cúcamar = cucumber; cóilis = cauliflower; peirsil = parsley

Abair nó scríobh na freagraí.

1. Cá bhfuil do shiopa glasraí suite?
2. An maith leat cabáiste?
3. Cé acu is fearr leat cabáiste nó cóilis?
4. An maith leat piorraí?
5. Cé acu is fearr leat piorraí nó oráistí?

Comhrá: An bhfuil cuisneoir sa teach?
Céard atá sa chuisneoir?
Cén seomra ina bhfuil an cuisneoir?
An bhfuil torthaí/glasraí sa chuisneoir?
Inis dom faoi phictiúir a haon/a dó/a ceathair. srl.

1. Sailéad

1. Tháinig m'aintín ar cuairt chugainn.

2. cuisneoir / ceann leitíse
D'oscail mé an cuisneoir.

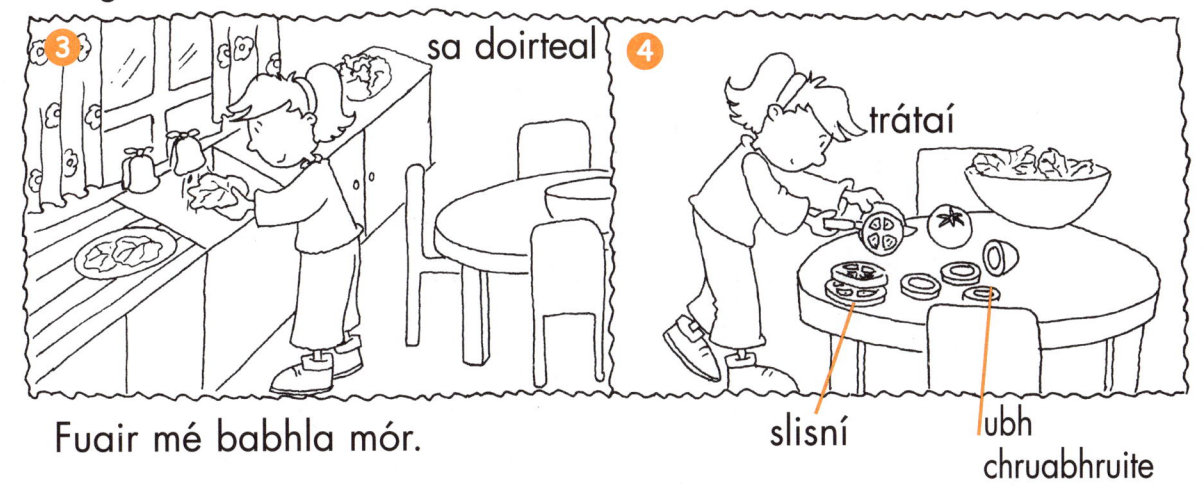

3. sa doirteal
Fuair mé babhla mór.

4. trátaí / slisní / ubh chruabhruite

5. Mhaisigh mé an barr le blúirí peirsile.

6. péist bheo
Lig sí béic uafásach aisti.

39   tríocha a naoi

2 (a) Sailéad

Tháinig m'aintín ar cuairt chugainn Dé Domhnaigh seo caite. D'ullmhaigh mé sailéad di. D'oscail mé an cuisneoir agus fuair mé ceann leitíse. Shrac mé cúpla duilleog di. Nigh mé iad go tapa le huisce sa doirteal.

Fuair mé babhla mór agus chuir mé na duilleoga isteach ann. Fuair mé trátaí. Ghearr mé iad ina slisní. Leag mé na slisní ar na duilleoga leitíse. Ghearr mé trí ubh chruabhruite ina slisní, freisin. Mhaisigh mé an barr le blúirí peirsile. Chuir mé an babhla i lár an bhoird.

Thosaigh m'aintín ag líonadh a pláta. Go tobann lig sí béic uafásach aisti. D'fhéach mé ar a pláta. Chonaic mé péist bheo ar an leitís. Ghabh mé mo leithscéal léi. Bhí orm tosú arís. Níor nigh mé an leitís go tapa an t-am seo. Bhí ceacht foghlamtha agam.

(b) Ceisteanna

1. Cathain a tháinig d'aintín ar cuairt?
2. Cá raibh an ceann leitíse?
3. Cár nigh tú na duilleoga leitíse?
4. Cár leag tú na slisní trátaí?
5. An mó ubh chruabhruite a ghearr tú?
6. Cár leag tú an babhla nuair a bhí sé lán?
7. Cén fath ar lig d'aintín béic aisti?
8. Céard a rinne tusa nuair a chonaic tú an phéist?

Foclóir:
D'ullmhaigh mé = I prepared; cuisneoir = refrigerator; ceann leitíse = a head of lettuce; doirteal = sink; trátaí = tomatoes; slisní = slices; ubh chruabhruite = a hard-boiled egg; Mhaisigh mé = I decorated; blúirí peirsile = pieces of parsley; péist bheo = a live worm.

(c) Seanfhocal

Is fearr ciall ná bia.

Anois, tarraing do phictiúr féin.

3 (a) Le foghlaim:

Aimsir Chaite inné	Aimsir Láithreach (gach lá)	Aimsir Fháistineach amárach
	Ith	
D'ith mé	Ithim	Íosfaidh mé
D'ith tú	Itheann tú	Íosfaidh tú
D'ith sé/sí	Itheann sé/sí	Íosfaidh sé/sí
D'itheamar	Ithimid	Íosfaimid
D'ith sibh	Itheann sibh	Íosfaidh sibh
D'ith siad	Itheann siad	Íosfaidh siad
Diúltach	**Diúltach**	**Diúltach**
Níor ith mé	Ní ithim	Ní íosfaidh mé
Ceisteach	**Ceisteach**	**Ceisteach**
Ar ith tú?	An itheann tú?	An íosfaidh tú?

(b) Scríobh amach na habairtí seo gan lúibíní:

1. (Ith) Mamaí tráta tráthnóna inné?
2. (Ith) Eoin calóga arbhair gach lá.
3. Ní (ith) mé leitís maidin amárach.
4. "An (ith) tú milseáin gach lá?" arsa Máire le Liam.
5. "(Ith: sinn) úlla amárach," arsa Nóra agus Síle.
6. Ní (ith) Daidí ubh chruabhruite gach tráthnóna.
7. Ní (ith: sinn) líreacáin amárach.
8. (Ith: sinn) úlla inné.

4 (a) Le foghlaim:

ar ← h   ar an ← urú

Bhí áthas ar Sheán. Bhí eagla ar an gcat.

orm (mé)	Tá geansaí agus bríste orm.
ort	Tá tart agus ocras orm.
air (sé)	Níl fearg ná eagla orm.
uirthi	Níl brón orm.
orainn (sinn)	Theip orm an doras a oscailt.
oraibh	Ghlaoigh an múinteoir orm.
orthu (siad)	Bhí tinneas fiacaile orm inné.

(b) Bain na lúibíní agus líon na bearnaí:
1. Bhí áthas ar (Síle) _____ nuair a fuair sí rothar nua.
2. Chonaic mé madra ar an (balla) _____ inné.
3. Theip (sé) _____ an euro a fháil.
4. Ghlaoigh Mamó (sí) _____ ar a hocht a chlog.
5. Chuir Dónall a bhróga agus a stocaí (sé) _____.
6. Chuir an taibhse scéin an domhain (siad) _____.
7. Bhí áthas _____ Sheán ach bhí brón ar (Cathal) _____.
8. An bhfaca tú capall ag siúl ar an (bóthar) _____?

5 Éist agus scríobh an focal 'fíor' nó 'bréagach'.
CD Rian 8

an chéad bhosca	an dara bosca	an tríú bosca	an ceathrú bosca	an cúigiú bosca
an séú bosca	an seachtú bosca	an t-ochtú bosca	an naoú bosca	an deichiú bosca

1. _____   4. _____   7. _____   10. _____
2. _____   5. _____   8. _____
3. _____   6. _____   9. _____

6 Tomhais
(i) Tá sé lán de phoill agus tá sé lán d'uisce. Cad é?
(ii) Rith sé isteach san uisce liom ach níor éirigh sé fluich. Cad é?
(iii) Cad a dúirt an garda leis an bhfear a raibh dhá cheann air?

(i) spúinse
(ii) mo scáth
(iii) Dia duit! Dia duit!

CEACHT 9

Bia

Comhrá beirte/Comhrá baile

Cuir ceist ar do chara.

① Inis dom faoin siopa búistéara.

(a) Tá sé san ollmhargadh.
(b) Tá sé san ionad siopadóireachta.
(c) Tá sé ar thaobh na sráide.
(d) Tá sé i lár an bhaile.

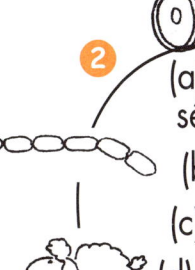

② Cad a dhíolann an búistéir?

(a) Díolann sé bágún
(b) ispíní
(c) gríscíní
(d) caoireoil
(e) mairteoil

③ Ainmnigh na héisc a dhíolann an búistéir.

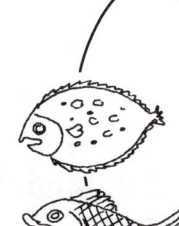

(a) Díolann sé an bradán
(b) breac
(c) sól dubh
(d) sól bán
(e) scadán

Foclóir: bágún = bacon; ispíní = sausages; gríscíní = chops; caoireoil = mutton; mairteoil = beef; bradán = salmon; breac = trout; sól = sole; scadán = herring.

Abair nó scríobh na freagraí.

1. Cá bhfuil do shiopa búistéara suite?
2. An maith leat feoil?
3. Cé acu is fearr leat, ispíní nó mairteoil?
4. An maith leat iasc?
5. Cé acu is fearr leat, bradán nó scadán?

43 daichead a trí

Comhrá: Cá raibh an bearbaiciú ag Ciara?
An raibh sí os comhair an tí/ar thaobh an tí/sa chistin?
Inis dom faoi phictiúir a haon/a dó?
An mó ispín atá ag Seán?
An mó buidéal atá ag Síle?
Cá bhfuil Luas an madra?

1 Bearbaiciú

1 Bhí bearbaiciú ag Ciara tráthnóna inné.

2 ispíní agus gríscíní — buidéil oráiste agus buidéil líomanáide

3 Fuair Ciara gualach. — gás

4 raca sreinge — Sháigh Ciara forc i ngríscín amháin.

5 Lig sé uaill uafásach as. Theith sé go dtí a chonchró.

6 D'éist siad le téipeanna.

44 daichead a ceathair

2 (a) Bearbaiciú

Bhí bearbaiciú ag Ciara tráthnóna inné. Thug sí cuireadh do Sheán agus do Shíle. Tháinig siad ar a sé a chlog. Bhí ispíní agus gríscíní ag Seán. Bhí buidéil oráiste agus buidéil líomanáide ag Síle.

Fuair Ciara gualach. Las Daidí an gás faoi. Leag Seán na hispíní agus na gríscíní ar an raca sreinge. Leag Ciara burgair a bhí déanta ag Mamaí air, freisin. Rinne sí gach rud a róstadh go maith. Sháigh Ciara forc i ngríscín amháin. Chas sí é ach thit sé go talamh. Rug Luas an madra air. Lig sé uaill uafásach as. Dhóigh an gríscín a bhéal. Theith sé go dtí a chonchró.

Bhí béile an-bhlasta ag na páistí. D'éist siad le téipeanna ansin. D'fhan Seán agus Síle i dteach Chiara an oíche sin agus chodail siad go sámh.

(b) Ceisteanna

1. Cathain a bhí an bearbaiciú ag Ciara?
2. Cé a tháinig go teach Chiara?
3. Cár leag Seán na gríscíní?
4. Cad a leag Ciara ar an raca sreinge?
5. Cé a rinne na burgair?
6. Cad a thug Seán go teach Chiara?
7. Cén fáth ar lig Luas uaill as?
8. Cár chodail Seán agus Síle an oíche sin?

Foclóir:
cuireadh = invitation; ispíní = sausages; gríscíní = chops; gualach = charcoal; raca sreinge = wire rack; Sháigh sí = she stuck; uaill uafásach = a terrible howl; Dhóigh sé = he burned; Theith sé = he fled.

(c) Scríobh trí abairt ar cad a d'ith tú agus a d'ól tú inné (i) chun bricfeasta (ii) chun dinnéir (iii) chun tae.

Mo Dhialann Bhéilí
An bricfeasta: 1. D'ith mé . . . 2. D'ith mé . . . 3. D'ól mé . . .
An dinnéar: 1. D'ith mé . . . 2. D'ith mé . . . 3. D'ól mé . . .
An tae: 1. D'ith mé . . .

3 **(a)** Le foghlaim:

Aimsir Chaite inné	Aimsir Láithreach (gach lá)	Aimsir Fháistineach amárach
	Déan	
Rinne mé	Déanaim	Déanfaidh mé
Rinne tú	Déanann tú	Déanfaidh tú
Rinne sé/sí	Déanann sé/sí	Déanfaidh sé/sí
Rinneamar	Déanaimid	Déanfaimid
Rinne sibh	Déanann sibh	Déanfaidh sibh
Rinne siad	Déanann siad	Déanfaidh siad
Diúltach	**Diúltach**	**Diúltach**
Ní dhearna mé	Ní dhéanaim	Ní dhéanfaidh mé
Ní dhearna tú	Ní dhéanann tú	Ní dhéanfaidh tú
Ní dhearna sé/sí	Ní dhéanann sé/sí	Ní dhéanfaidh sé/sí
Ní dhearnamar	Ní dhéanaimid	Ní dhéanfaimid
Ní dhearna sibh	Ní dhéanann sibh	Ní dhéanfaidh sibh
Ní dhearna siad	Ní dhéanann siad	Ní dhéanfaidh siad
Ceisteach	**Ceisteach**	**Ceisteach**
An ndearna tú?	An ndéanann tú?	An ndéanfaidh tú?

(b) ordú — Déan an obair bhaile anois, a Sheáin.

(c) **Scríobh amach na habairtí seo a leanas gan lúibíní:**

1. (Déan: mé) matamaitic ar scoil gach lá.
2. Ní (déan: mé) eolaíocht ar scoil gach lá.
3. (Déan) Nóra a ceachtanna tráthnóna inné.
4. (Déan) aintín Íde cáca milis amárach.
5. Ní (déan) Daidí vardrús amárach.
6. An (déan) Síle dearmad ar a scriosán inné?
7. (Déan: sinn) a lán oibre ar scoil gach lá.
8. (Déan: sinn) a lán suimeanna De Luain seo caite.

4 (a) Le foghlaim:

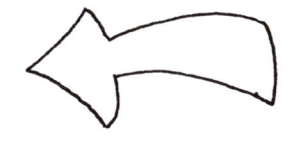

leis an ← **urú**

Bhuail Síle an sliotar **leis an g**camán.

liom	Is maith **liom** burgair.
leat	Is fuath **liom** arán bán.
leis	B'fhearr **liom** an teilifíseán ná an raidió.
léi	Is féidir **liom** rith, siúl agus léim.
linn	Ghabh sé buíochas **liom**.
libh	D'éirigh **liom** an sum a dhéanamh.
leo	Is dóigh **liom** go bhfuil sé ag cur fearthainne.

(b) Bain na lúibíní agus líon na bearnaí:

1. Is dóigh (sí) _____ go bhfuil sé te amuigh.
2. D'éirigh (siad) _____ an geata a oscailt.
3. Ghabh mé mo leithscéal leis an (cailín) _____.
4. "Níor thaitin an cluiche sin (mé) _____" arsa Laoise.
5. B'fhearr (sinn) _____ cispheil ná leadóg.
6. Ghabh an múinteoir buíochas (siad) _____.

B'fhearr Liomsa CD Rian 9

Is maith le madra cnámh,
Is breá le moncaí cnó,
Tá dúil ag cat i mbainne
Is taitníonn féar le bó.
Tá suim ag coinín i gcabáiste,
Tá bá ag luch le grán
Tá cion ag asal ar chairéad,
Ach b'fhearr liom féin milseáin.

Éamonn Ó Ríordáin

CEACHT 10

Odysseus agus Polyphemus CD Rian 10

Fadó, fadó bhí laoch ann. Odysseus ab ainm dó. Bhí sé féin agus a shaighdiúirí i long. Bhí siad ag dul abhaile go dtí an Ghréig. Bhí fíon acu ach ní raibh aon bhia acu. Bhí ocras an domhain orthu. Chonaic siad oileán. Chuaigh siad i dtír ann.

Thóg Odysseus agus a shaighdiúirí an bairille fíona leo agus shiúil siad suas cnoc. Tháinig siad go dtí pluais. Ní raibh aon duine sa phluais ach bhí a lán bia ann.

"Sea", arsa Odysseus. "Tá duine éigin ina chónaí anseo. B'fhéidir go bhfuil bia aige."

Níorbh fhada gur chuala siad duine ag teacht. Fathach a bhí ann. Bhí súil amháin sa cheann aige. Nuair a tháinig sé isteach sa phluais chuir sé carraig mhór ag béal na pluaise. Bhí sé dorcha sa phluais. Las sé tine. Ansin chonaic sé Odysseus agus na saighdiúirí.

"Cén fáth a bhfuil sibhse anseo?" ar seisean. "Is mise Polyphemus agus níl cead ag aon duine teacht isteach anseo."

Foclóir: Fadó, fadó = long long ago; laoch = warrior; An Ghréig = Greece; oileán = island; bairille fíona = a barrel of wine; pluais = cave; Níorbh fhada = it wasn't long; Fathach = giant;

"Tá ocras an domhain orainn," arsa Odysseus. "An dtabharfaidh tú bia dúinn?"

"Ní thabharfaidh mé," arsa Polyphemus agus leis sin rug sé ar bheirt saighdiúirí agus d'ith sé iad. Chuir sin uafás ar Odysseus.

"Ar mhaith leat fíon a ól?" arsa Odysseus.

"Ólfaidh mé cúpla gloine de," arsa Polyphemus.

Thug Odysseus cúpla gloine fíona dó. Thaitin sé go mór le Polyphemus. Chonaic sé an bairille.

"Tabhair dom an bairille," ar seisean.

Thug Odysseus an bairille dó. D'ól sé é go léir agus ansin thit sé ina chodladh ar an urlár. Bhí crann mór ag cúl na pluaise.

"Cuidigh liom anois," arsa Odysseus leis na saighdiúirí.

D'ardaigh siad an crann. Sháigh siad isteach sa tine é. Nuair a bhí bun an chrainn an-te thóg siad amach as an tine é. Ansin sháigh siad é trí shúil Pholyphemus.

Lig sé uaill uafásach as. Thóg sé an crann as a shúil agus chaith sé uaidh é. Bhuail an crann an charraig a bhí ag béal na pluaise. Leag sé í. Rith Odysseus agus na saighdiúirí amach as an bpluais agus síos an cnoc. Chuala siad an fathach ag screadach agus ag scréachach. D'éirigh leo dul ar bhord na loinge. Chas siad an long timpeall agus rinne siad ar an nGréig arís. Bhí an t-ádh leo éalú.

Foclóir: Tabhair dom = Give me; Cuidigh liom = Help me; ag screadach agus ag scréachach = screaming and screeching.

Sa Siopa Grósaera CD Rian 11

Siopadóir: Dia daoibh, a pháistí.
Ciara agus Ciarán: Dia's Muire duit is Pádraig.
Siopadóir: Céard atá uaibh?
Ciara: An bhfuil úlla agus piorraí agat?
Siopadóir: Ó, tá cinnte. Cosnaíonn na húlla daichead cent an ceann agus cosnaíonn na piorraí daichead cent an ceann, freisin.
Ciara: Ceannóidh mé úll agus piorra.
Siopadóir: Céard atá uait, a Chiaráin?
Ciarán: Céard é an praghas atá ar bhuidéal lúcosáide agus ar bhuidéal líomanáide?
Siopadóir: Cosnaíonn an buidéal lúcosáide dhá euro agus tríocha cent agus cosnaíonn an buidéal líomanáide euro agus tríocha cent.
Ciarán: Beidh orm trí euro agus seasca ceint a thabhairt duit.
Siopadóir: Bhuel, sin an praghas atá orthu.
Ciarán: Seo dhuit cúig euro. Tá mé ag íoc as an úll agus as an bpiorra freisin.
Siopadóir: Seo dhuit an tsóinseáil. Ná caill anois í.
Ciarán: Ní chaillfidh mé í. Slán anois.
Siopadóir: Slán, a pháistí. Bígí cúramach ar an mbóthar.

3
(a)

Ná déan dearmad

	Aimsir Chaite inné	**Aimsir Láithreach (gach lá)**	**Aimsir Fháistineach amárach**
Téigh:	Chuaigh mé Chuaigh tú/sé/sí Chuamar Ní dheachaigh mé	Téim Téann tú/sé/sí Téimid Ní théim	Rachaidh mé Rachaidh tú/sé/sí Rachaimid Ní rachaidh mé
Ith:	D'ith mé D'ith tú/sé/sí D'itheamar Níor ith mé	Ithim Itheann tú/sé/sí Ithimid Ní ithim	Íosfaidh mé Íosfaidh tú/sé/sí Íosfaimid Ní íosfaidh mé
Tar:	Tháinig mé Tháinig tú/sé/sí Thángamar Níor tháinig mé	Tagaim Tagann tú/sé/sí Tagaimid Ní thagaim	Tiocfaidh mé Tiocfaidh tú/sé/sí Tiocfaimid Ní thiocfaidh mé
Déan:	Rinne mé Rinne tú/sé/sí Rinneamar Ní dhearna mé	Déanaim Déanann tú/sé/sí Déanaimid Ní dhéanaim	Déanfaidh mé Déanfaidh tú/sé/sí Déanfaimid Ní dhéanfaidh mé

(b) Léigh an giota seo a leanas:

Téim ar scoil gach lá. Tagann mo dheirfiúr Ciara liom. Déanaim a lán suimeanna ar scoil. Déanann Ciara triail eolaíochta. Ithim ceapaire cáise. Itheann Ciara ceapaire sailéid. Tagaimid abhaile ar a trí a chlog. Ní dhéanaim mo cheachtanna díreach ansin. Ní théann Ciara amach ag súgradh. Ithimid babhla calóg arbhair. Déanaimid na ceachtanna ansin.

(i) Cuir an giota thuas san Aimsir Chaite:
Tosaigh mar seo: "Chuaigh mé ar scoil inné . . ."

(ii) Anois cuir an giota céanna san Aimsir Fháistineach:
Tosaigh mar seo: "Rachaidh mé ar scoil amárach . . ."

4 Ciorclaigh na bianna.

b	o	ú	l	l	s	u	ó	i	b	o	é
r	c	n	h	e	r	h	f	c	l	r	s
e	f	r	t	á	d	n	s	a	r	á	n
a	g	p	é	o	b	n	é	b	m	i	t
c	f	t	c	d	u	b	h	á	b	s	b
m	l	c	a	n	r	m	t	i	m	t	a
o	e	n	i	t	g	r	í	s	c	í	n
p	i	o	r	r	a	g	o	t	d	b	a
n	t	p	é	h	r	g	t	e	a	r	n
d	í	r	a	i	s	p	í	n	í	u	a
a	s	b	d	s	d	á	t	r	á	t	a

5 Dul Siar

(a) (i) AG: agam agat aige aici againn agaibh acu
(ii) AR: orm ort air uirthi orainn oraibh orthu
(iii) LE: liom leat leis léi linn libh leo

(b) Bris an cód agus scríobh na freagraí.

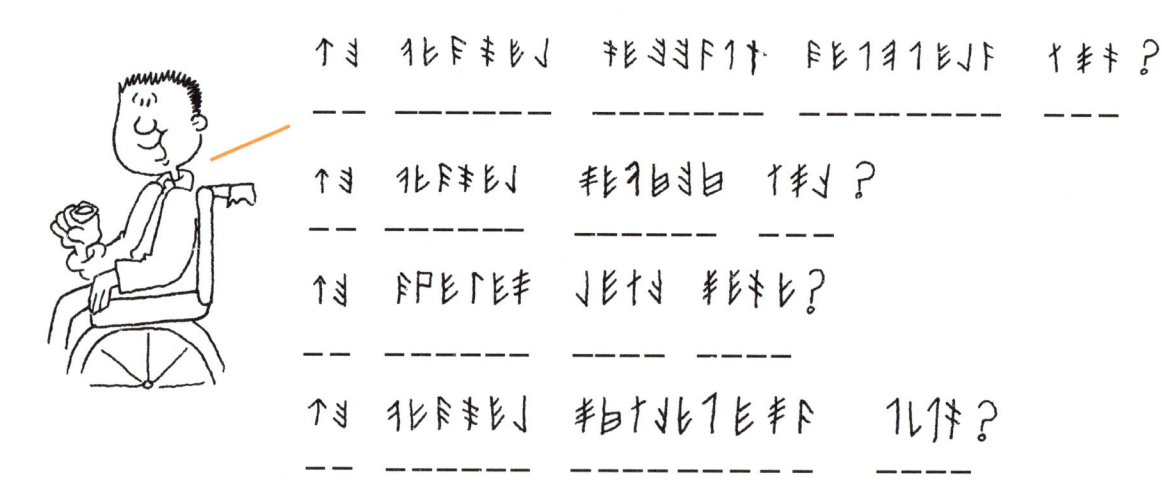

An bhfuil tuirse oraibh fós?
__ _____ _____ _____ ___

An bhfuil ocras ort?
__ _____ _____ ___

An bhfaca sibh é?
__ _____ ____ ____

An bhfuil bróga nua ort?
__ _____ _____ ____

A a b c d e é f g h i í l m n o r s t u

52 caoga a dó

CEACHT 11

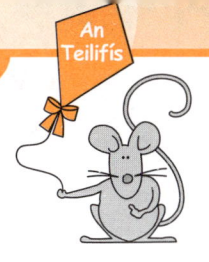

An Teilifís

Comhrá beirte/Comhrá baile

1 Inis dom faoin teilifís.

1
(a) Tá dhá theilifíseán againn.
(b) Tá a lán cainéal againn.
(c) Tá cianrialtán againn.

2 An maith leat na cláracha ceoil/na cláracha spóirt/na cartúin/na scannáin/na gallúnraí/na fógraí?

2 Is maith liom/Ní maith liom na cláracha ceoil/na cláracha spóirt/na cartúin/na scannáin/na gallúnraí/na fógraí.

3 Cad is ainm don aisteoir is fearr leat? Cad is ainm don bhan-aisteoir is fearr leat?

3 _____ is ainm dó.
_____ is ainm di.

Foclóir: a lán cainéal = many channels; cianrialtán = remote control; gallúnraí = soaps; fógraí = advertisements; aisteoir = actor; ban-aisteoir = actress.

Abair nó scríobh na freagraí.

1. Cé mhéad teilifíseán atá sa teach?
2. An mó cainéal atá agaibh?
3. An bhféachann tú ar an nuacht?

Comhrá: An raibh tú ag féachaint ar an teilifís aréir?
Ainmnigh na cláir a chonaic tú?
An bhfaca tú an nuacht?
Ar fhéach tú ar chlár spóirt?
Ainmnigh an gallúnra is fearr leat.
Inis dom faoi phictiúir a haon/a cúig.

1 Sa Stiúideo

1 Chuir an fáilteoir fáilte rompu.

2 Chonaic siad ceamaraí agus spotshoilse.
- spotsoilse
- ceamaraí

3 an lucht éisteachta

4 Bhí cleachtadh acu ar dtús.
- an stiúrthóir

5 D'fhógair an láithreoir.

6 Rinne a gcairde comhghairdeas leo.

54 caoga a ceathair

2 (a) Sa Stiúideo

Bhí banna ceoil ag Ciara, Síle agus Ciarán. Chuir siad cúpla port ar théip. Sheol siad an téip chuig Raidió Teilifís Éireann. Tar éis cúpla seachtain fuair siad cuireadh chun dul ar chlár ceoil.

Chuaigh siad go Montrós Satharn amháin. Chuir fáilteoir fáilte rompu. Thóg sí iad go stiúideo a haon. Chonaic siad ceamaraí, spotsoilse agus an lucht éisteachta ann. Bhí cleachtadh acu ar dtús. Bhí an stiúrthóir an-sásta leo. Ansin d'fhógair an láithreoir go raibh siad chun cúpla port a sheinm. Sheinn siad port mall agus port mear. D'éirigh go breá leo. Thug an lucht éisteachta bualadh bos mór dóibh.

Nuair a d'fhill siad abhaile rinne a gcairde comhghairdeas leo. Bhí bród an domhain orthu.

(b) Ceisteanna

1. Cé a bhí sa bhanna ceoil?
2. Cár chuir siad an cúpla port?
3. Cár sheol siad an téip?
4. Cé a chuir fáilte rompu i Montrós?
5. Céard a chonaic siad sa stiúideo?
6. Cé a bhí an-sásta leis an gcleachtadh?
7. Ar sheinn an banna ceoil go maith?
8. Cá bhfios duit gur sheinn siad go maith?

Foclóir:
port = tune; Sheol siad = they sent; fáilteoir = receptionist; spotsoilse = spotlights; lucht éisteachta = audience; cleachtadh = practice; stiúrthóir = director; D'fhógair an láithreoir = the presenter announced; comhghairdeas = congratulations.

(c) Seanfhocal

Nuair a stadann an ceol stadann an rince.

Anois, tarraing do phictiúr féin.

3 (a) Le foghlaim:

Aimsir Chaite inné	Aimsir Láithreach (gach lá) **Clois**	Aimsir Fháistineach amárach
Chuala mé	Cloisim	Cloisfidh mé
Chuala tú	Cloiseann tú	Cloisfidh tú
Chuala sé/sí	Cloiseann sé/sí	Cloisfidh sé/sí
Chualamar	Cloisimid	Cloisfimid
Chuala sibh	Cloiseann sibh	Cloisfidh sibh
Chuala siad	Cloiseann siad	Cloisfidh siad

Diúltach | **Diúltach** | **Diúltach**
Níor chuala mé | Ní chloisim | Ní chloisfidh mé

Ceisteach | **Ceisteach** | **Ceisteach**
Ar chuala tú? | An gcloiseann tú? | An gcloisfidh tú?

(b) Scríobh amach na habairtí seo a leanas gan lúibíní:

1. (Clois: sinn) an banna ceoil ag seinm aréir.
2. Ar (clois) tú an bhéic a lig Seán as inné?
3. (Clois) tú mé ar an raidió amárach.
4. (Clois: mé) na héin ag canadh gach maidin.
5. Níor (clois) Íde feadóg an réiteora inné.
6. (Clois) Daidí madra ag tafann Dé Luain seo caite.
7. An (clois) tú an múinteoir ag caint gach lá?
8. (Ní: clois) mé Mamaí ag glaoch orm maidin inné.

4 (a) Le foghlaim:

do
don

h

Thug mé cnó do Chiara. Thug Colm féar don bhó.

dom   Thug sé líreacán dom.
duit   Thug Mamaí aire dom.
dó   Léigh Daidí scéal dom.
di   D'inis an múinteoir an nuacht dom.
dúinn   Fuair Síle scian dom.
daoibh   B'éigean dom éirí ar a hocht a chlog.
dóibh   B'éigean dom cóipleabhar a cheannach.

(b) Líon na bearnaí sna habairtí seo a leanas:
1. Níor thug mé milseáin don (cat) _____.
2. Thug Ciara liathróid do (Pól) _____.
3. Thug Ciarán téip don (fáilteoir) _____.
4. Léigh an múinteoir scéal (sinn) _____.
5. D'inis mé an nuacht (siad) _____.
6. Thug na dochtúirí aire (sí) _____.
7. Fuair mé na criáin don (múinteoir) _____.
8. Bhailigh Seán na cóipleabhair (sé) _____.

5 Éist agus scríobh an focal 'fíor' nó 'bréagach'.
CD Rian 12
1. Chuaigh an banna ceoil abhaile sa bhus. _____
2. Ní raibh ocras ar na páistí. _____
3. Bhí an carr os comhair an tsiopa búistéara. _____
4. D'oscail Mamaí Chiara an cófra bagáiste. _____
5. Seinneann Ciara an veidhlín. _____
6. Seinneann Ciarán an pianóchairdín. _____
7. Tá Síle ina cónaí in uimhir a deich, An Bothár Mór. _____
8. Thiomáin athair Chiaráin an carr abhaile. _____

6 (a) Scríobh síos **na cláir theilifíse** a fheiceann tú gach lá sa tseachtain.

Dé Luain	Dé Máirt	Dé Céadaoin
Déardaoin	Dé hAoine	Dé Sathairn
Dé Domhnaigh		

(b)
1. An bhfaca tú an nuacht aréir?
2. An bhfaca tú cartún tráthnóna inné?
3. An bhfaca tú cluiche sacair aréir?
4. An bhfaca tú scannán aréir?

An Bosca

Cheannaigh Daidí sa siopa é
Is chuir sé sa charr é;
Tháinig sé abhaile
Is leag sé sa chúinne é;
Bhrúigh sé an cnaipe,
Shuíomar.

D'fhéach mé air
Is d'fhéach sé orm;
Chuala mé é
Ach níor chuala sé mé;
Ghair sé, is chaoin sé, is labhair sé.

Bhí ciúnas sa teach.

CEACHT 12

Comhrá beirte/Comhrá baile

1 Inis dom cad a rinne tú maidin Nollag?

1
(a) D'éirigh mé go luath maidin Nollag.
(b) Rith mé go dtí an crann Nollag.
(c) Fuair mé mo bhronntanais.
(d) Rith mé go seomra Dhaidí agus Mhamaí.
(e) Ghabh mé buíochas leo.
(f) Chuaigh mé ar Aifreann.

2 Ar thug tú bronntanas do Dhaidí agus Mhamaí?

2 Thug mé bronntanas do Dhaidí agus Mhamaí

3 Ar chuidigh tú le Mamaí an dinnéar a ullmhú?

3 Chuidigh mé le Mamaí an dinnéar a ullmhú.

4 Conas a chuidigh tú le Daidí tar éis an dinnéir?

4 Chuir mé na gréithe sa mhiasniteoir.

5 Céard a rinne tú tráthnóna Nollag?

5 Bhí mé ag súgradh le mo chairde.
Bhí mé ag imirt cluichí.
D'fhéach mé ar an teilifís.

Abair nó scríobh na freagraí:

1. Cá bhfuil an crann Nollag agaibh?
2. Céard atá ar an gcrann Nollag?
3. Ar mhaisigh tú an crann Nollag?
4. Cé a chuir bronntanais faoin gcrann Nollag?
5. An bhfuil soilse leictreacha ar an gcrann Nollag?

Comhrá: Cén tír ina bhfuil Beithil/Nasair?
Ainmnigh dhá thír atá in aice leis an Iosrael.
Cén tír ina bhfuil saighdiúirí Éireannacha faoi láthair? Inis dom faoi phictiúir a trí/a ceathair?
An bhfuair Iósaf áit chodlata?
Ainmnigh na hainmhithe a bhí sa stábla.
Cár chuir siad Íosa? srl.

1 An Chéad Nollaig

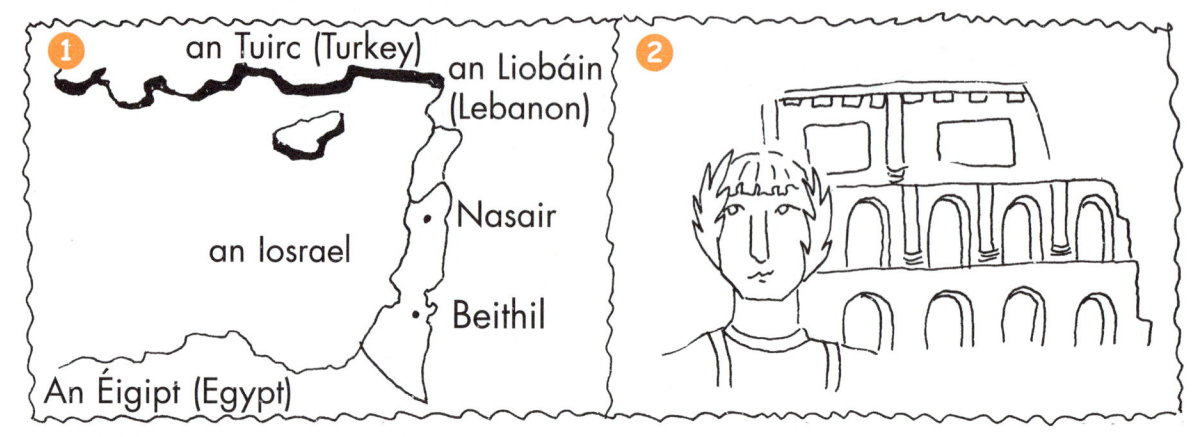

1 an Tuirc (Turkey), an Liobáin (Lebanon), an Iosrael, Nasair, Beithil, An Éigipt (Egypt)

Bhí Muire ina cónaí i Nasair.

2 Caesar Agustus, Impire na Róimhe

3 Bhí Muire ag iompar ar dhroim asail.

4 Rinne siad iad féin a chlárú.

5 Bhí gach teach ósta lán.

6 Choiméad siad te é

Thug siad glóir do Dhia.

2 (a) An Chéad Nollaig

Bhí Muire agus Iósaf ina gcónaí i Nasair san Iosrael. Bhí an tír faoi Caesar Agustus, Impire na Róimhe. Rith sé dlí. Bhí ar gach duine é féin a chlárú.

   Chuaigh Muire agus Iósaf go Beithil chun iad féin a chlárú. Bhí Muire ag iompar san am. Chuir Iósaf ar dhroim asail í agus chuir siad chun bóthair. Nuair a tháinig siad go Beithil rinne siad iad féin a chlárú. Ansin lorg siad áit chodlata. Bhí gach teach ósta lán. Chuaigh siad isteach i stábla. Bhí an leanbh Íosa ag Muire anseo. Choimeád bó agus asal te é. Shéid an bhó a hanáil air agus shéid an t-asal a anáil air.

   Bhí bród an domhain ar Mhuire agus ar Iósaf.

(b) Ceisteanna

1. Cén tír ina bhfuil an baile Nasair?
2. Cé a bhí ina Impire sa Róimh?
3. Cá ndeachaigh Muire agus Iósaf?
4. Ar shiúil Muire go Beithil?
5. Céard a rinne siad nuair a tháinig siad go Beithil?
6. Cár chaith Muire agus Iósaf an oíche?
7. Ainmnigh na hainmhithe a bhí sa stábla?
8. Conas a choimeád na hainmhithe Íosa te?

Foclóir:
Nasair = Nazareth; Impire na Róimhe = Roman Emperor; dlí = law; a chlárú = to register; ag iompar = pregnant; teach ósta = inn; anáil = breath.

(c) Tomhas

Siúlann tú ina diaidh i gcónaí ach ní féidir leat breith uirthi. An bhfuil a fhios agat cad é?

do anáil

3 (a) Le foghlaim:

Aimsir Chaite inné	Aimsir Láithreach (gach lá)	Aimsir Fháistineach amárach
	Beir	
Rug mé	Beirim	Béarfaidh mé
Rug tú	Beireann tú	Béarfaidh tú
Rug sé/sí	Beireann sé/sí	Béarfaidh sé/sí
Rugamar	Beirimid	Béarfaimid
Rug sibh	Beireann sibh	Béarfaidh sibh
Rug siad	Beireann siad	Béarfaidh siad
Diúltach	**Diúltach**	**Diúltach**
Níor rug mé	Ní bheirim	Ní bhéarfaidh mé
Ceisteach	**Ceisteach**	**Ceisteach**
Ar rug tú?	An mbeireann tú?	An mbéarfaidh tú?

(b) Líon na bearnaí nó scríobh na habairtí amach gan lúibíní:

1. (Beir) _____ Liam orm i gclós na scoile inné.
2. (Beir) _____ mé ar Shíle amárach.
3. (Beir) _____ an t-éan ar phéist gach lá.
4. (Beir) _____ an lántosaí ar an sliotar tráthnóna inné.
5. (Beir) _____ na gardaí ar an ngadaí amárach.
6. (Beir: mé) _____ ar an liathróid pheile gach tráthnóna.
7. Ar (beir) _____ tú ar an gcoinín inné?
8. Níor (beir) _____ an búistéir ar an madra inné.

4 (a) Le foghlaim:

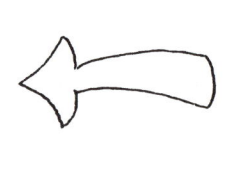

as an → **urú**

Léim an luch as an mbosca.

asam   Bhain an madra geit asam.
asat   Lig mé gáir asam.
as   Lig mé scread asam.
aisti   Lig mé uaill uafásach asam.
asainn   Lig mé béic asam.
asaibh
astu

(b) Bain na lúibíní agus líon na bearnaí:
1. Nuair a chonaic Daidí an luch lig sé béic _____.
2. Bhain an taibhse geit (sinn) _____.
3. Thóg an siopadóir trátaí as an (bosca) _____.
4. Dhóigh an t-ispín méar Áine agus lig sí scread (sí) _____.
5. Rith an gadaí amach as an (banc) _____.
6. Níor bhain an cat preab ____ ____ mbuachaill.

5 Céard a rinne tú Lá Nollag?
Scríobh an scéal bunaithe ar na pictiúir seo a leanas:

Cuideoidh na frásaí agus na focail seo a leanas leat:

> Dhúisigh mé   anuas an staighre   seomra teaghlaigh   na bronntanais
> cluiche ríomhaire   ar Aifreann   séipéal   turcaí   Thaispeáin mé
> ag féachaint

CEACHT 13

Comhrá beirte/Comhrá baile

Cuir ceist ar do chara.

1 Inis dom faoin siopadóireacht

1
(a) Téann Daidí go dtí an t-ollmhargadh.
(b) Páirceálann sé an carr sa charrchlós.
(c) Faigheann sé an tralaí.
(d) Cuireann sé na hearraí sa tralaí.
(e) Íocann sé as na hearraí.

2 An gcuidíonn tú le Daidí?

2 Cuidím le Daidí.

3 Conas a chuidíonn tú le Daidí?

3
(a) Sáim an tralaí.
(b) Cuirim im, cáis, subh agus bainne sa tralaí.
(c) Cuirim na málaí siopadóireachta isteach sa chófra bagáiste.

4 An gceannaíonn tú aon rud duit féin?

4 Ceannaím barra seacláide dom féin.

5 An maith leat bheith ag siopadóireacht?

5 Is maith liom bheith ag siopadóireacht.

Abair nó scríobh na freagraí.

1. Cé a théann go dtí an t-ollmhargadh i do theach?
2. Ainmnigh trí rud a cheannaíonn sé/sí.
3. An dtéann sé go dtí an siopa sa charr?
4. An dtéann sé go dtí an siopa ar an mbus?
5. Céard a cheannaíonn tú duit féin sa siopa?

Comhrá: An bhfuil siopa in aice le do theach?
Ainmnigh na rudaí a dhíolann an siopadóir?
An ndíolann sé an páipéar/bainne/milseáin?
Cathain a osclaíonn sé ar maidin?
Cathain a dhúnann sé san oíche?
Ar mhaith leat bheith i do shiopadóir? srl.

1 An Sladmhargadh

1 ionad siopadóireachta

2 sladmhargadh — Bhí scuaine ann rompu.

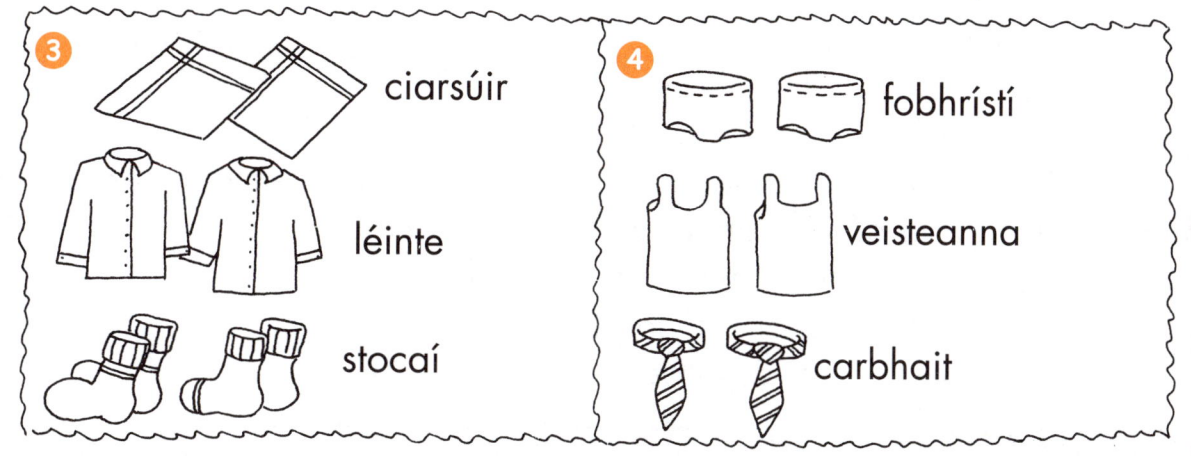

3 ciarsúir, léinte, stocaí

4 fobhrístí, veisteanna, carbhait

5 garda siopa, siúlscéalaí

6 staighre creasa

65 seasca a cúig

2 (a) An Sladmhargadh

Chuaigh Seán agus a Mhamaí go dtí an t-ionad siopadóireachta Dé Luain seo caite. Chuala Mamaí go raibh sladmhargadh ar siúl i siopa éadaigh ann. Bhí scuaine ann rompu. D'oscail garda siopa an doras ar a naoi a chlog.

Níorbh fhada go raibh an siopa dubh le daoine. Cheannaigh Mamaí ciarsúir, léinte, stocaí, fobhrístí, veisteanna agus carbhait. Cheap sí go raibh siad an-saor. D'fhéach sí ar bhrístí agus ar chótaí. Cheap sí go raibh siad daor go leor. Níor bhac sí leo. Chonaic Seán garda siopa. Bhí siúlscéalaí aige agus bhí sé ag labhairt air. Chonaic sé garda siopa eile ag barr an staighre creasa. Níorbh fhéidir le haon duine aon rud a ghoid.

D'íoc Mamaí as na héadaí a fuair sí. Bhí sí an-sásta le hobair na maidine.

(b) Ceisteanna

1. Cathain a chuaigh Seán agus Mamaí ag siopadóireacht?
2. An raibh an sladmhargadh ar siúl i siopa leabhar?
3. Cé a d'oscail doras an tsiopa?
4. Cén fáth ar cheannaigh Mamaí ciarsúir agus léinte, meas tú?
5. Cén fáth nár cheannaigh Mamaí na cótaí, meas tú?
6. Cad a bhí ina láimh ag an ngarda siopa?
7. Cé a bhí ag barr an staighre creasa?
8. Ar thug Mamaí airgead don siopadóir?

Foclóir:
sladmhargadh = sale; ionad siopadóireachta = shopping centre; scuaine = queue; ciarsúir = handkerchiefs; fobhrístí = underpants; siúlscéalaí = walkie-talkie; staighre creasa = escalator; D'íoc Mamaí = Mammy paid.

(c) Rabhlóg

Cheannaigh Ciara chineálta carbhat do Chiarán cliste.

3 (a) Le foghlaim:

Aimsir Chaite inné	Aimsir Láithreach (gach lá) **Tabhair**	Aimsir Fháistineach amárach
Thug mé	Tugaim	Tabharfaidh mé
Thug tú	Tugann tú	Tabharfaidh tú
Thug sé/sí	Tugann sé/sí	Tabharfaidh sé/sí
Thugamar	Tugaimid	Tabharfaimid
Thug sibh	Tugann sibh	Tabharfaidh sibh
Thug siad	Tugann siad	Tabharfaidh siad
Diúltach	**Diúltach**	**Diúltach**
Níor thug mé	Ní thugaim	Ní thabharfaidh mé
Ceisteach	**Ceisteach**	**Ceisteach**
Ar thug tú?	An dtugann tú?	An dtabharfaidh tú?

(b) Scríobh amach na habairtí seo a leanas gan lúibíní:

1. (Tabhair) mé iasc don chat inné.
2. (Tabhair) Íde cnámh don mhadra gach lá.
3. (Tabhair) mé bronntanas do Mhamaí amárach.
4. Ar (tabhair) tú cóta do Shíle inné?
5. (Tabhair: sinn) bronntanais do Chiara inné.
6. An (tabhair) an múinteoir sos daoibh gach lá?
7. (Tabhair) Mamaí lón do Thomás gach maidin.
8. "(Tabhair) mé airgead duit amárach," arsa Liam le Colm.

4 (a) Le foghlaim:

de → h   den → h

Sciob mé hata **de** Phól. Thit cupán **den** bhord.

díom
díot   Thit mo chaipín **díom**.
de   Bhain mé mo chóta **díom**.
di   Shéid an ghaoth mo chaipín **díom**.
dínn   Bhí Mamaí an-bhuíoch **díom** nuair a nigh mé na gréithe di.
díbh
díobh

(b) Líon na bearnaí sna habairtí seo a leanas:
1. Thóg Deirdre an leabhar den (cathaoir) _____.
2. Thit an buachaill den (géag) _____.
3. Sciob Síle an scaif de (Colm) _____.
4. Shéid an ghaoth a hata (sé) _____.
5. Ar bhain tú do chóta (tú) _____?
6. Nuair a phioc mé na fiailí bhí Mamaí an-bhuíoch (mé) _____.
7. Fuair Seán buille de (camán) _____.
8. Mise agus Dónall: Bhaineamar ár gcótaí (sinn) _____.
9. Níor thit mé _____ rothar.
10. Seán agus Síle: Bhain siad a mbuataisí (siad) _____.

5. Éist agus freagair CD Rian 14
1. Cá raibh Daideo ag siúl?
2. Céard a bhí ag Síle?
3. Cé a thug an rothar di?
4. Céard a thug Daideo di?
5. Céard a d'ith na páistí ag an gcóisir?
6. Céard a d'ól na páistí ag an gcóisir?
7. Cén fáth a raibh Mamaí an-chrosta?

6 Seanfhocal

Déanann sparán trom croí éadrom.

Anois, tarraing do phictiúr féin.

CEACHT 14

Comhrá beirte/Comhrá baile

1 (a) Ar thaistil tú ar bhus riamh?
(b) Cá ndeachaigh tú?

1 (a) Thaistil mé ar bhus go minic.
(b) Chuaigh mé ar scoil.
(c) Chuaigh mé go lár na cathrach.

2 (a) Ar thaistil tú i dtacsaí riamh?
(b) Cá ndeachaigh tú?

2 (a) Thaistil mé i dtacsaí go minic.
(b) Chuaigh mé go teach m'uncail.

3 (a) Ar thaistil tú ar thraein riamh?
(b) Cá ndeachaigh tú?

3 (a) Thaistil mé ar thraein go minic.
(b) Chuaigh mé go Corcaigh.
(c) Chuaigh mé go Gaillimh.

4 (a) Ar thaistil tú ar long riamh?
(b) Cá ndeachaigh tú?

4 (a) Thaistil mé ar long uair amháin.
(b) Chuaigh mé go dtí an Fhrainc.
(c) Chuaigh mé go Sasana.

5 (a) Ar thaistil tú ar eitleán riamh?
(b) Cá ndeachaigh tú?

5 (a) Thaistil mé ar eitleán uair amháin.
(b) Chuaigh mé go dtí an Spáinn.
(c) Chuaigh mé go Londain.

Abair nó scríobh na freagraí:

1. An bhfuil stad an bhus in aice le do theach?
2. An maith leat bheith ag taisteal ar an mbus?
3. Cé acu is fearr leat, taisteal ar bhus nó taisteal ar thraein?
4. Conas a théann tú ar scoil?

Comhrá: An bhfaca tú traein/carr/tacsaí/gluaisrothar/bus inné?
An ndeachaigh tú sa bhus/ar thraein/i dtacsaí inné?
An bhfuil carr agaibh sa bhaile?
An bhfuil rothar agat?
An féidir leat rothaíocht? srl.

1 Turas go dtí an Ghaillimh

1 tacsaí

2 Aon-Aistear Duine Fásta Ticéad aon-aistir
Fillte-Leanbh Ticéad fillte

stáisiún na traenach

Cheannaigh Máire dhá thicéad.

3 Bhí an traein dubh le daoine.

4 paca cártaí

Bhí teanga comharthaí aici.

5 snap!

Roinn sí na cártaí agus d'imir siad an cluiche snap.

6 Máire Ní Shé, 4 Sráid Phóil, Baile an Rí, Gaillimh

ainm agus seoladh an chailín

2 (a) Turas go dtí an Ghaillimh

Níor thaistil Síle ar thraein le fada. Fuair sí an seans Dé Sathairn seo caite. Bhí a haintín, Máire, ag dul go dtí an Ghaillimh. Thóg sí Síle léi. Thóg siad tacsaí go stáisiún na traenach. Cheannaigh Máire dhá thicéad – ticéad aon-aistir agus ticéad fillte.

Bhí an traen dubh le daoine. Ach bhí an t-ádh leo. Fuair siad dhá shuíochán. Thosaigh Máire ag léamh irisleabhair. Bhí cailín os comhair Shíle. Bhí teanga comharthaí aici agus bhí paca cártaí aici. Bhí uaithi cluiche cártaí a imirt. Roinn sí na cártaí agus d'imir siad an cluiche 'snap'. Níor mhothaigh siad an t-am ag imeacht. Shroich siad an Ghaillimh ar a dó a chlog.

Fuair Síle seoladh agus ainm an chailín. Scríobhfaidh sí chuici nuair a fhillfidh sí abhaile go Baile Átha Cliath.

(b) Ceisteanna

1. Cad is ainm d'aintín Shíle?
2. Cá raibh Máire ag dul Dé Sathairn seo caite?
3. Conas a chuaigh siad go stáisiún na traenach?
4. Cén fáth ar cheannaigh Máire ticéad fillte, meas tú?
5. Cé a bhí ina suí os comhair Shíle?
6. Cad a bhí uaithi?
7. Cad a bhí ina láimh aici?
8. Cad a dhéanfaidh Síle nuair a fhillfidh sí ar Bhaile Átha Cliath?

Foclóir:
stáisiún na traenach = train station; ticéad aon-aistir = single fare; ticéad fillte = return ticket; Bhí an t-ádh leo = they were lucky; os comhair = in front of; teanga comharthaí = sign language; Níor mhothaigh siad = They didn't notice; seoladh = address.

(c) Seanfhocal

Giorraíonn beirt bóthar.

Anois, tarraing do phictiúr féin.

3 **(a)** **Le foghlaim:**

Aimsir Chaite inné	Aimsir Láithreach (gach lá) **Tá**	Aimsir Fháistineach amárach
Bhí mé	Táim	Beidh mé
Bhí tú	Tá tú	Beidh tú
Bhí sé/sí	Tá sé/sí	Beidh sé/sí
Bhíomar	Táimid	Beimid
Bhí sibh	Tá sibh	Beidh sibh
Bhí siad	Tá siad	Beidh siad
Diúltach	**Diúltach**	**Diúltach**
Ní raibh mé	Nílim	Ní bheidh mé
Ní raibh tú	Níl tú	Ní bheidh tú
Ní raibh sé/sí	Níl sé/sí	Ní bheidh sé/sí
Ní rabhamar	Nílimid	Ní bheimid
Ní raibh sibh	Níl sibh	Ní bheidh sibh
Ní raibh siad	Níl siad	Ní bheidh siad
Ceisteach	**Ceisteach**	**Ceisteach**
An raibh tú?	An bhfuil tú?	An mbeidh tú?

(b) ordú — Bí ag scríobh anois

(c) Scríobh amach na habairtí seo a leanas gan lúibíní:
1. Ní (bí) na páistí cois farraige inné.
2. An (bí) an aimsir an-tirim inné?
3. Ní (bí) mé ar scoil Dé Sathairn seo chugainn?
4. "(Bí: sinn) ar scoil amárach," arsa Seán agus Íde.
5. (Bí) sladmhargadh sa siopa bróg inné.
6. "(Bí: sinn) ag an gcluiche inné," arsa Colm agus Ciara.
7. Ní (bí: sinn) ag an zú Dé Luain seo caite.
8. (Bí: sinn) sa teach aréir.
9. Ní (bí: sinn) ag dul go Baile Átha Cliath amárach.
10. (Ní: bí: sinn) ag imirt iománaíochta anois.

4 (a) Le foghlaim:

ó ← h ón ← urú

Chuala mé an scéal ó Sheán.
Tá gúna nua ag teastáil ón gcailín.

uaim
uait   Tá scriosán uaim.
uaidh   Tá rialóir ag teastáil uaim.
uaithi   Ghoid sí peann luaidhe uaim.
uainn   Fuair Daidí euro uaim.
uaibh   D'imigh na cosa uaim.
uathu

(b) Líon na bearnaí sna habairtí seo a leanas:

1. Fuair mé sliotar nua ó (Síle) _____.
2. Tá camán nua ag teastáil (sé) _____.
3. Rith Íde ar an leac oighir agus d'imigh na cosa (sí) _____.
4. Ghoid an gadaí míle euro ón (banc) _____.
5. Thóg Ailín piollaire ón (banaltra) _____.

5 Chuaigh Seán agus a uncail Tomás go Sligeach – scríobh an scéal.

Stáisiún na traenach   dhá thicéad
cás agus mála   carráiste   raca bagáiste
buachaill ón Afraic   D'imir siad an cluiche 'caith an dísle'

CEACHT 15

spideog, colúr, iolar, cíbhí, dreoilín, préachán

Rí na nÉan   CD Rian 15

Ní raibh aon rí ar na héin. Tháinig siad go léir le chéile lá amháin. Labhair an t-iolar.

"Tá rí ag teastáil uainn," ar seisean. "An t-éan a eitleoidh níos airde ná aon éan eile, beidh sé ina rí orainn. An bhfuil sibh sásta leis sin?"

"Táimid," arsa na héin eile.

"Tosóidh mise an rás," arsa an cíbhí, "mar níl aon sciathán orm agus ní féidir liom eitilt."

Léim an dreoilín ar dhroim an iolair agus chuaigh sé i bhfolach faoi chleite. Níor mhothaigh an t-iolar é. Thug an cíbhí an comhartha agus d'éirigh na héin den talamh. Thosaigh siad ag eitilt níos airde agus níos airde. Tar éis tamaill d'éirigh siad go léir tuirseach ach amháin an t-iolar.

"Is mise rí na n-éan anois," arsa an t-iolar. Leis sin, léim an dreoilín de dhroim an iolair. D'eitil sé níos airde fós.

"Anois, is mise rí na n-éan," arsa an dreoilín.

Bhí an t-iolar spíonta amach. Bhí an bua ag an dreoilín. Bhí na héin eile sásta leis an dreoilín a bheith ina rí orthu.

Foclóir: le chéile = together; iolar = eagle; eitleoidh = will fly; cíbhí = kiwi; dreoilín = wren; sciathán = wing; i bhfolach faoi chleite = hidden under a feather; spíonta amach = exhausted; an-chliste = very clever

74   seachtó a ceathair

Scaip na héin an nuacht go raibh an dreoilín an-chliste. Chuala an sionnach an scéal ó cholúr agus níor thaitin sé leis.

Thosaigh sé ag lorg an dreoilín. Lá amháin bhí sé ag siúl cois fáil. Fuair sé boladh an dreoilín.

"Cá bhfuil tú, a dhreoilín?" arsa an sionnach.

"Táim anseo sa nead le mo ghearrcaigh," arsa an dreoilín. "Céard atá uait?"

"Bhuail mé le colúr aréir agus dúirt sé liom go gceapann gach ainmhí gur tusa an t-ainmhí is cliste ar domhan. Is fuath liom an nuacht sin mar is mise an t-ainmhí is cliste. Táim chun tú a mharú agus a ithe."

"Ó, is féidir leat mise a mharú agus a ithe," arsa an dreoilín, "ach ná hith mo ghearrcaigh. An bhfuil tú sásta leis sin?"

"Táim, cinnte," arsa an sionnach. "Ní íosfaidh mé do ghearrcaigh."

Labhair an dreoilín go tapa lena ghearrcaigh.

"Ná hosclaígí bhur mbéal anois agus tiocfaimid slán as."

Sháigh an sionnach a cheann isteach san fhál. Chonaic sé an nead. Chonaic sé cúig dhreoilín inti. Bhí siad go léir an-bheag. Bhí an t-athair chomh beag leis na gearrcaigh.

"Cá bhfuil an t-athair?" arsa an sionnach.

Níor labhair aon dreoilín. Bhí an sionnach i bponc. Níorbh fhéidir leis an t-athair a fháil. Bhí an bua ag an dreoilín arís.

Foclóir: colúr = pigeon; cois fáil = near a hedge; boladh = scent; ceapann gach ainmhí = every animal thinks; gearrcaigh = fledglings; i bponc = in a fix.

Ag Stáisiún na Traenach CD Rian 16

Mamaí: Brostaígí, a pháistí. Beimid déanach don traein.
Ciara: A Dhaidí, oscail an cófra bagáiste agus tógfaidh mé mo mhála féin.
Ciarán: Tógfaidh mise an ceamara.
Daidí: Ná déan dearmad ar do chás. Tógfaidh mise cás Mhamaí agus mo chás féin.
Mamaí: Rachaidh mise ar aghaidh agus ceannóidh mé na ticéid. Ná déan dearmad an glas a chur ar an gcarr.
Daidí: Ní dhéanfaidh mé.
Fear na dticéad: An mó ticéad atá uait, a bhean uasal?
Mamaí: Ceithre thicéad fillte go Luimneach: dhá thicéad do na páistí, agus ticéad dom féin agus do mo fhear céile.
Fear na dticéad: Seo dhuit iad. Cosnóidh siad nócha euro.
Mamaí: Seo dhuit é.
Fear na dticéad: Go raibh maith agat.
Ciara: Tá scuaine fhada ag an traein. Beidh sí déanach ag imeacht.
Daidí: Bhuel, táimid in am. Féach, a Chiaráin. Seo dhuit cúig euro. Téigh go dtí an siopa agus ceannaigh *The Irish Examiner* dom.
Ciara: Agus ná déan dearmad ar líreacán a cheannach domsa.
Ciarán: Ó, is rógaire ceart thú, a Chiara. Tá tú an-chliste.

Foclóir: glas = lock; fear céile = husband; cosnóidh sé = it will cost; scuaine = queue.

3 (a) *Ná déan dearmad*

	Aimsir Chaite inné	Aimsir Láithreach (gach lá)	Aimsir Fháistineach amárach
Clois:	Chuala mé Chuala tú/sé/sí Chualamar Níor chuala mé	Cloisim Cloiseann tú/sé/sí Cloisimid Ní chloisim	Cloisfidh mé Cloisfidh tú/sé/sí Cloisfimid Ní chloisfidh mé
Beir:	Rug mé Rug tú/sé/sí Rugamar Níor rug mé	Beirim Beireann tú/sé/sí Beirimid Ní bheirim	Béarfaidh mé Béarfaidh tú/sé/sí Béarfaimid Ní bhéarfaidh mé
Tabhair:	Thug mé Thug tú/sé/sí Thugamar Níor thug mé	Tugaim Tugann tú/sé/sí Tugaimid Ní thugaim	Tabharfaidh mé Tabharfaidh tú/sé/sí Tabharfaimid Ní thabharfaidh mé
Tá:	Bhí mé Bhí tú/sé/sí Bhíomar Ní raibh mé	Bím Bíonn tú/sé/sí Bímid Ní bhím	Beidh mé Beidh tú/sé/sí Beimid Ní bheidh mé

(b) Léigh an giota seo a leanas:
Bíonn an cat ag an doras gach maidin. Bíonn tart agus ocras air. Bím sa chistin. Cloisim é. Téim go dtí an cuisneoir. Beirim ar bhuidéal bainne. Tugaim an bainne dó. Ní thugaim lúcosáid dó. Ólann sé an bainne. Tugaim arán dó. Ní thugaim calóga arbhair dó. Itheann sé an t-arán. Cloisim an cat ag crónán ansin.

(c) Cuir an giota thuas san Aimsir Chaite.
Tosaigh mar seo: "Bhí an cat ag an doras inné . . ."

(d) Anois cuir an giota céanna san Aimsir Fháistineach.
Tosaigh mar seo: "Beidh an cat ag an doras maidin amárach . . ."

4 (a) Dul Siar

ag	ar	le	do	as	de	ó
agam	orm	liom	dom	asam	díom	uaim
agat	ort	leat	duit	asat	díot	uait
aige	air	leis	dó	as	de	uaidh
aici	uirthi	léi	di	aisti	di	uaithi
againn	orainn	linn	dúinn	asainn	dínn	uainn
agaibh	oraibh	libh	daoibh	asaibh	díbh	uaibh
acu	orthu	leo	dóibh	astu	díobh	uathu

(b) Líon isteach an crosfhocal:

Trasna
4. Tá aithne (mé) ar Chiara.
6. An bhfuil peann (tú), a Phóil?
7. Chuir siad a mbróga (siad).
9. Thug Ciarán leabhar (sí).
10. D'imigh na cosa (sí).
12. Lig Colm béic (sé).
13. Is maith (siad) scannáin.
14. Léigh sé scéal (siad).

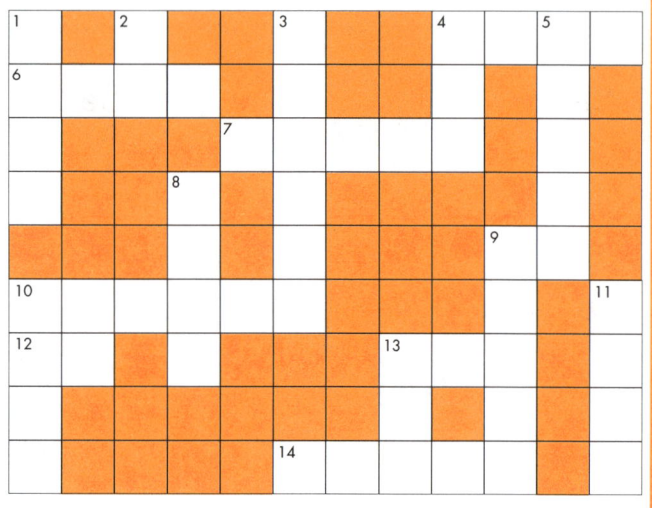

Anuas
1. Ar thug Pól scriosán (tú)?   2. Shéid an ghaoth a hata (sí).
3. Bhí áthas (sí) inné.   4. Tá aithne (siad) ar Liam.
5. Bhain an madra geit (sí).   8. Lig siad gáir (siad).
9. Bhain na cailíní a mbróga (siad).   10. An bhfuil camán (tú)?
11. Tá eolas (sé) ar Bhaile Átha Cliath.
13. D'éirigh (sí) an doras a dhúnadh.

5 Bris an cód agus scríobh na freagraí.

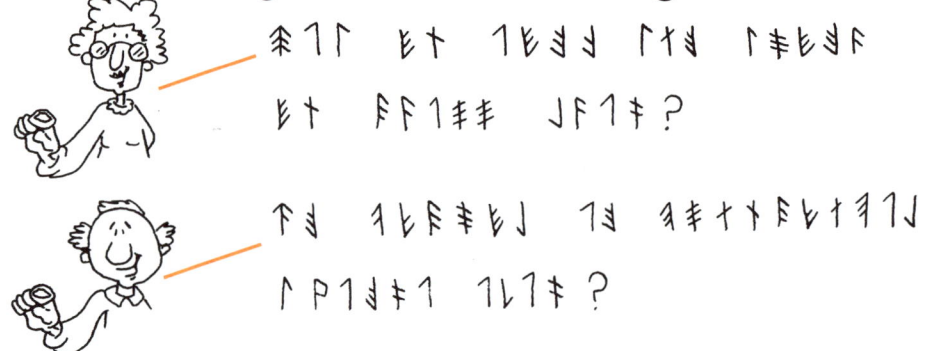

CEACHT 16

Caitheamh Aimsire

Comhrá beirte/Comhrá baile

1 Inis dom faoi do chaitheamh aimsire.

1 Imrím a lán cluichí.
Imrím peil.
Imrím iománaíocht.
Imrím sacar.
Imrím cispheil.

2 Cá n-imríonn tú sacar?

2 Imrím sacar sa pháirc.

3 Cá n-imríonn tú cispheil?

3 Imrím cispheil sa halla.

4 (a) An féidir leat snámh?
(b) An féidir leat snúcar a imirt?
(c) An féidir leat rugbaí a imirt?

4 Is/Ní féidir liom snámh.
Is/Ní féidir liom snúcar a imirt.
Is/Ní féidir liom rugbaí a imirt.

5 (a) An maith leat bheith ag léamh?
(b) An maith leat bheith ag féachaint ar an teilifís?

5 (a) Is maith liom bheith ag léamh.
(b) Is maith liom bheith ag féachaint ar an teilifís.

Abair nó scríobh na freagraí:

1. An féidir leat cispheil a imirt?
2. An maith leat bheith ag imirt snúcair?
3. An maith leat bheith ag féachaint ar chartúin?
4. An maith leat bheith ag léamh?
5. An imríonn tú cluichí ar an ríomhaire?

Comhrá: An maith leat sacar? An imríonn tú sacar?
An bhfuil tú ar fhoireann?
An bhfuil a lán daoine ag an gcluiche seo?
Inis dom faoi phictiúr a dó.
Cad tá ag an réiteoir?
Cad a rinne an réiteoir? An bhfuair ____ cúl? srl.

1   Bronntanas

Bhí beirt imreoirí ag marcáil ____.

Rinne sé calaois air.

Fuair Manchester United cúinneach.

D'éirigh _____ cosúil le roicéad.

Thug _____ a cheann don liathróid.

Rinne na himreoirí comhghairdeas le _____.

80   ochtó

2 (a) Bronntanas

Bhí mo bhreithlá ann Dé hAoine seo caite. Ar an Satharn thóg Mamaí mé go dtí Old Trafford. Leanaim Manchester United agus _____. (Cuir ainm do réalta anseo.)

Bhí siad ag imirt i gcoinne Arsenal. Thosaigh an réiteoir an cluiche. Bhí beirt imreoirí ag marcáil _____. Bhí an chéad leath leadránach go leor. Sa dara leath, rinne cúlaí Arsenal calaois. Thóg tosaí Manchester United an cic saor. D'imigh an liathróid de chúlaí Arsenal agus fuair Manchester United cúinneach. Nuair a tháinig an liathróid isteach d'éirigh _____ cosúil le roicéad. Thug sé a cheann don liathróid agus fuair sé cúl gleoite. Rinne na himreoirí comhghairdeas leis. Theip ar Arsenal aon scór a fháil. Bhí an bua ag Manchester United. Ní dhéanfaidh mé dearmad den bhronntanas sin go ceann tamaill fhada.

(b) Ceisteanna

1. An raibh do bhreithlá ann ar an Déardaoin?
2. Ar thóg d'athair thú go dtí Old Trafford?
3. Cén fhoireann a bhí ag imirt i gcoinne Manchester United?
4. Ar imir do réalta go maith?
5. Cá bhfios duit gur imir sé go maith?
6. Cén fáth a bhfuair Manchester United cúinneach?

Foclóir:
Leanaim = I follow; réalta = star; imreoirí = players; cosúil le roicéad = like a rocket; go ceann tamaill fhada = for a long time.

(c) Seanfhocal

Is maith an t-iománaí an té a bhíonn ar an gclaí.
Anois, tarraing do phictiúr féin.

3 (a) Le foghlaim:

Aimsir Chaite inné	Aimsir Láithreach (gach lá)	Aimsir Fháistineach amárach
	Faigh	
Fuair mé	Faighim	Gheobhaidh mé
Fuair tú	Faigheann tú	Gheobhaidh tú
Fuair sé/sí	Faigheann sé/sí	Gheobhaidh sé/sí
Fuaireamar	Faighimid	Gheobhaimid
Fuair sibh	Faigheann sibh	Gheobhaidh sibh
Fuair siad	Faigheann siad	Gheobhaidh siad
Diúltach	**Diúltach**	**Diúltach**
Ní bhfuair mé	Ní fhaighim	Ní bhfaighidh mé
Ní bhfuair tú	Ní fhaigheann tú	Ní bhfaighidh tú
Ní bhfuair sé/sí	Ní fhaigheann sé/sí	Ní bhfaighidh sé/sí
Ní bhfuaireamar	Ní fhaighimid	Ní bhfaighimid
Ní bhfuair sibh	Ní fhaigheann sibh	Ní bhfaighidh sibh
Ní bhfuair siad	Ní fhaigheann siad	Ní bhfaighidh siad
Ceisteach	**Ceisteach**	**Ceisteach**
An bhfuair tú?	An bhfaigheann tú?	An bhfaighidh tú?

(b) ordú — Faigh an chruinneog dom, le do thoil.

(c) Scríobh amach na habairtí seo a leanas gan lúibíní:
1. (Faigh) mé veidhlín nua inné.
2. (Faigh) Sorcha bosca ceoil amárach.
3. Ní (faigh) Mamaí an páipéar inné.
4. An (faigh) tú buidéal lúcosáide Dé Máirt seo caite?
5. An (faigh) Mamaí litir gach lá?
6. (Faigh) mé camán nua an tseachtain seo chugainn.
7. An (faigh) Cormac tacsaí aréir?
8. An (faigh) mé ticéad fillte duit amárach?

4 (a) Le foghlaim:

faoi → h   faoin → urú

Níl Ciarán ag gáire faoi Chathal.
Chonaic mé leabhar faoin mbord.

fúm
fút   Bhí braillín fúm aréir.
faoi   Níl Seán ag gáire fúm.
fúithi   Bhí Áine ag magadh fúm inné.
fúinn   Níor thug an cat fúm ar maidin.
fúibh
fúthu

(b) Bain na lúibíní agus líon na bearnaí:

1. "Ná bí ag magadh (mé) _____, a Shíle," arsa Niamh.
2. Bhí Cathal ag gáire (sí) _____ aréir.
3. Thug an tarbh fíochmhar (siad) _____ sa pháirc.
4. Chuir Seán a bhríste géine _____ leaba aréir.
5. Ní fhaca mé iasc ag snámh faoin (bád) _____.
6. "Ní raibh na cailíní ag magadh (sinn)" _____ arsa Eoin agus Pól.
7. Bhí Gearóid ag gáire faoin (cailín) _____.
8. Rith an luch _____ (cófra).

5 Éist leis an téip agus freagair na ceisteanna.
CD Rian 17

1. Cén fhoireann a leanann Aoife?
2. Cathain a bhí Liverpool ag imirt i gcoinne Chelsea?
3. Conas a chuaigh Aoife go Londain?
4. Cathain a shroich siad Wembley?
5. Céard a rinne cúlaí Chelsea?
6. Cad a thaispeáin an réiteoir dó?
7. An raibh áthas ar Aoife?

CEACHT 17

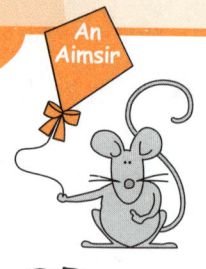

An Aimsir

Comhrá beirte/Comhrá baile

1. An t-earrach
   An samhradh
   An fómhar
   An geimhreadh

2. Ainmnigh na séasúir.

2. Ainmnigh míonna na bliana.

2. Eanáir, Feabhra, Márta, Aibreán, Bealtaine, Meitheamh, Iúil, Lúnasa, Meán Fómhair, Deireadh Fómhair, Samhain, Nollaig.

3. Ainmnigh míonna an earraigh.

3. Feabhra, Márta, Aibreán.

4. Inis dom faoin earrach.

4. (a) Tagann duilleoga ar na crainn.
   (b) Treabhann an feirmeoir an talamh.
   (c) Cuireann sé síolta.

5. Cén sort aimsire a bhíonn ann san earrach?

5. (a) Uaireanta bíonn an aimsir fuar.
   (b) Uaireanta eile titeann báisteach agus sneachta.
   (c) Uaireanta eile bíonn sioc ann.

Foclóir: síolta = seeds; uaireanta = sometimes.

Abair nó scríobh na freagraí.

1. Ainmnigh an séasúr atá ann anois.
2. Ainmnigh an mhí atá ann anois.
3. An bhfuil duilleoga ar na crainn anois?
4. An bhfuil na síolta sa talamh anois?
5. An bhfuil an ghráinneog ina codladh anois?

Comhrá: An maith leat an t-earrach? Cén fáth?
An bhfaca tú gráinneog riamh? Cá bhfaca tú í?
An bhfaca tú sionnach/coinín/giorria riamh?
An bhfuil bláthanna agaibh sa bhaile?
An bhfuil siad i bpotaí/sa gháirdín?
Cad a itheann an ghráinneog/na héin?

1 An Ghráinneog agus an tEarrach

1 péisteanna / lucha / froganna
Dúisíonn an ghráinneog.

2 éin ag eitilt agus ag canadh
Bíonn cipíní agus duilleoga ina ngob acu.

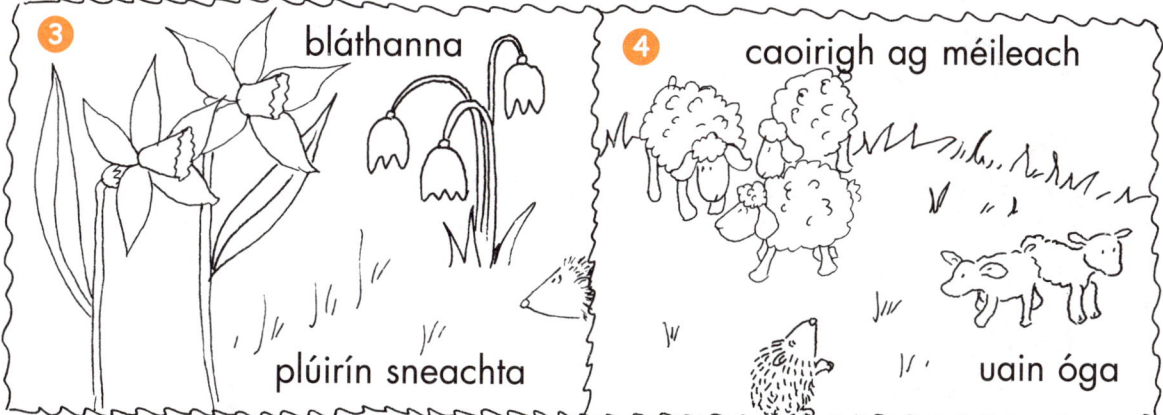

3 bláthanna / plúirín sneachta / lus an chromchinn

4 caoirigh ag méileach / uain óga

5 Feiceann sí feirmeoir ar tharracóir
Treabhann sé an talamh le céachta.

6 Filleann an ghráinneog ar a leaba.

85 ochtó a cúig

2 (a) An Ghráinneog agus an tEarrach

Dúisíonn an ghráinneog nuair a thagann an t-earrach. Fágann sí a leaba. Bíonn ocras an domhain uirthi. Lorgaíonn sí péisteanna, lucha agus froganna. Cloiseann sí na héin ag eitilt agus ag canadh. Feiceann sí éin agus bíonn cipíní agus duilleoga ina ngob acu. Bíonn siad ag tógáil a neadacha.

Feiceann sí bláthanna deasa ag fás. Feiceann sí lus an chromchinn agus an plúirín sneachta. Cloiseann sí na caoirigh ag méileach. Bíonn bród an domhain orthu mar bíonn uain óga acu. Feiceann sí an feirmeoir ar an tarracóir. Treabhann sé an talamh le céachta. Bíonn an ghráinneog spíonta amach faoin am seo. Filleann sí ar a leaba agus codlaíonn sí go sámh.

(b) Ceisteanna

1. Cathain a dhúisíonn an ghráinneog?
2. An mbíonn sí ina codladh sa samhradh?
3. Ainmnigh dhá bhláth a fheiceann an ghráinneog?
4. Céard a lorgaíonn an ghráinneog?
5. Cén fáth a mbíonn bród an domhain ar na caoirigh?
6. Cá mbíonn an feirmeoir?

Foclóir:
Lorgaíonn sí = She searches; lus an chromchinn = daffodil; plúirín sneachta = snowdrop; ag méileach = bleating; Treabhann sé = He ploughs; céachta = plough.

3 Le foghlaim:

Aimsir Chaite inné	Aimsir Láithreach (gach lá)	Aimsir Fháistineach amárach
	Abair	
Dúirt mé	Deirim	Déarfaidh mé
Dúirt tú	Deir tú	Déarfaidh tú
Dúirt sé/sí	Deir sé/sí	Déarfaidh sé/sí
Dúramar	Deirimid	Déarfaimid
Dúirt sibh	Deir sibh	Déarfaidh sibh
Dúirt siad	Deir siad	Déarfaidh siad
Diúltach	**Diúltach**	**Diúltach**
Ní dúirt mé	Ní deirim	Ní déarfaidh mé
Ceisteach	**Ceisteach**	**Ceisteach**
An ndúirt mé?	An ndeir tú?	An ndéarfaidh tú?

4 (a) Líon na bolgáin.

Cad a dúirt Rónán?

1. Bhí mé ag ithe. → Duirt Rónán **go raibh** sé ag ithe.
2. Bhí an lá go breá.
3. Bhí luch sa seomra.
4. Bhí sliotar ag Cian.
5. Bhí an ghrian ag taitneamh.

(b) Líon na bolgáin.

Cad a dúirt Erica?

1. Ní raibh mé ag ól. → Dúirt Erica **nach** raibh sí ag ól.
2. Ní raibh mé ag léamh.
3. Ní raibh mé ag rith.
4. Ní raibh Aisling ag canadh.
5. Ní raibh Ross ag treabhadh.

5 (a) Le foghlaim:

1. ag tafann
2. ag rith
3. at triomú
4. ag siúl
5. ag canadh
6. ag scríobh
7. ag caoineadh
8. ag caint
9. ag ithe
10. ag éisteacht
11. ag ól
12. ag troid
13. ag seinm
14. ag léamh
15. ag féachaint
16. ag foghlaim
17. ag eitilt
18. ag ní
19. ag léim
20. ag glanadh
21. ag gáire

(b) Cuir deich gcinn de na frásaí thuas in abairtí.
Sampla: Chonaic mé Daidí ag féachaint ar an teilifís ar leathuair tar éis a seacht.

6 Aimsigh na botúin:

Tá botúin sa scéal. Cuir ✔ le gach abairt cheart agus ✘ le gach abairt mhícheart. Ansin scríobh an scéal gan aon bhotún agus críochnaigh é. Tarraing pictiúr uimhir a ceathair.

An geimhreadh a bhí ann ☐. D'fhág an sionnach a phluais ☐. Shiúil sé amach sa pháirc ☐. Chonaic sé plúiríní sneachta sa pháirc ☐. Chuala sé na héin ag canadh ☐. Bhí siad ag eitilt ☐. Bhí an geata dúnta ☐. D'imigh an sionnach amach an geata ☐. Chonaic sé trí choinín sa pháirc ☐. Rith sé ina ndiaidh ☐.

CD Rian 18
Aire!

Chruthaigh Dia fadó mé
Anseo i lár na spéire,
Siar i bhfad roimh do ré;
Mar sin, tabhair dom aire.

Ná truailligh an abhainn,
Nó millfidh tú an iascaireacht;
Ná truailligh na locha,
Nó millfidh tú an timpeallacht.

Ná truailligh an tír,
Nó millfidh tú an bheatha;
Ná truailligh an t-aer,
Nó millfidh tú do shláinte.

Ná déan faillí anois,
'S ná truailligh mé choíche;
Ná himir orm scrios,
'S mairfidh tú cinnte.

Bosca bruscair

CEACHT 18

An Aimsir

Comhrá beirte/Comhrá baile

1 Inis dom faoin samhradh.

1 Déanann an feirmeoir sadhlas.
Bíonn na bláthanna faoi bhláth.
Tagann an chuach go hÉirinn.
Tagann na fáinleoga go hÉirinn.

2 Ainmnigh míonna an tsamhraidh.

2 Bealtaine, Meitheamh, Iúil.

3 Cad a dhéanann tusa sa samhradh?

3 (a) Téim cois farraige.
(b) Bím ag snámh san fharraige.
(c) Bím ag súgradh ar an trá.

4 Conas a bhíonn an aimsir sa samhradh?

4 (a) Bíonn an aimsir te.
(b) Bíonn an aimsir fionnuar.
(c) Bíonn an aimsir ceathach.

Foclóir: an chuach = the cuckoo; na fáinleoga = the swallows; fionnuar = cool; ceathach = showery.

Abair nó scríobh na freagraí.

1. Conas tá an aimsir inniu?
2. Cén mhí atá againn anois?
3. An bhfaca tú fáinleoga riamh?
4. Ar chuala tú an chuach riamh?
5. Inis dom aon rud faoin gcuach.

90   nócha

Comhrá: An maith leat an samhradh? Cén fáth?
An bhfaca tú an chuach riamh?
An raibh tú ar fheirm riamh?
Cad a chonaic tú ann?
Ar mhaith leat bheith ag obair ar fheirm?
An féidir leat marcaíocht?
An ndearna Mamaí subh riamh? srl.

1 Cuairt ar an bhFeirm

1 Thiomáin mé na ba isteach sa bhleánlann.

2 an chuach

3 madra caorach

4 Bhí capall ina sheasamh sa stábla.

5 caipín marcaíochta — ag marcaíocht

6 Rinneamar subh de na cuiríní dubha.

2 (a) Cuairt ar an bhFeirm

Chuaigh mé go feirm m'aintín inné. Lá ceathach a bhí ann. Bhuail mé le mo chol ceathar Aoife. Chuidigh mé le m'aintín ar an bhfeirm. Thiomáin mé na ba isteach sa bhleánlann. Chuala mé an chuach anois is arís.

Tá madra caorach ag Aoife. Bhí an-spórt agam leis. Tá capall aici, freisin. Bhí sé ina sheasamh sa stábla. Thug Aoife cead dom marcaíocht air. Thug sí caipín marcaíochta dom. Shiúil an capall go mall ar dtús. Ansin thosaigh sé ag dul níos mire. Thaitin an mharcaíocht go mór liom.

Tá cuiríní dubha ag m'aintín. Phioc mé féin agus Aoife iad. Rinneamar subh díobh. Ghabh m'aintín buíochas linn. D'fhill mé abhaile ar a hocht a chlog.

(b) Ceisteanna

1. Cá ndeachaigh tú inné?
2. Cad is ainm do do chol ceathar?
3. Conas a chuidigh tú le d'aintín?
4. Cén saghas madra atá ag Aoife?
5. An raibh an capall ina chodladh sa stábla?
6. Cad a chuir tu ar do cheann nuair a bhí tú ag marcaíocht?
7. Ar shiúil an capall go mear ar dtús?
8. Cad a rinne tú féin agus Aoife leis na cuiríní?

Foclóir:

ceathach = showery; Thiomáin mé = I drove; bleánlann = milking parlour; madra caorach = sheepdog; cuiríní dubha = blackcurrants.

(c) Seanfhocal

Ní neart go cur le chéile.

Anois, tarraing do phictiúr féin.

3 (a) Le foghlaim:

Aimsir Chaite inné	Aimsir Láithreach (gach lá)	Aimsir Fháistineach amárach
	Feic	
Chonaic mé	Feicim	Feicfidh mé
Chonaic tú	Feiceann tú	Feicfidh tú
Chonaic sé/sí	Feiceann sé/sí	Feicfidh sé/sí
Chonaiceamar	Feicimid	Feicfimid
Chonaic sibh	Feiceann sibh	Feicfidh sibh
Chonaic siad	Feiceann siad	Feicfidh siad
Diúltach	**Diúltach**	**Diúltach**
Ní fhaca mé	Ní fheicim	Ní fheicfidh mé
Ní fhaca tú	Ní fheiceann tú	Ní fheicfidh tú
Ní fhaca sé/sí	Ní fheiceann sé/sí	Ní fheicfidh sé/sí
Ní fhacamar	Ní fheicimid	Ní fheicfimid
Ní fhaca sibh	Ní fheiceann sibh	Ní fheicfidh sibh
Ní fhaca siad	Ní fheiceann siad	Ní fheicfidh siad
Ceisteach	**Ceisteach**	**Ceisteach**
An bhfaca tú?	An bhfeiceann tú?	An bhfeicfidh tú?

(b) Scríobh amach na habairtí seo a leanas gan lúibíní:

1. (Feic) mé scamaill sa spéir an tseachtain seo caite.
2. (Feic) Seán a chara Pól gach lá ar scoil.
3. Ní (feic) mé an leac oighir ar an mbóthar inné.
4. (Feic) an dochtúir rang a sé amárach.
5. (Feic: mé) mo chat gach lá tar éis na scoile.
6. 'An (feic) mé thú amárach?' arsa Pól le Síle.
7. (Feic: sinn) an fhístéip ar an mbord inné.
8. An (feic) tú an cartún ar an teilifís aréir?
9. (Feic) mé mo chol ceathar an tseachtain seo chugainn.
10. An (feic) tú an ceo ar an gcnoc inné?

4 **(a) Le foghlaim:**

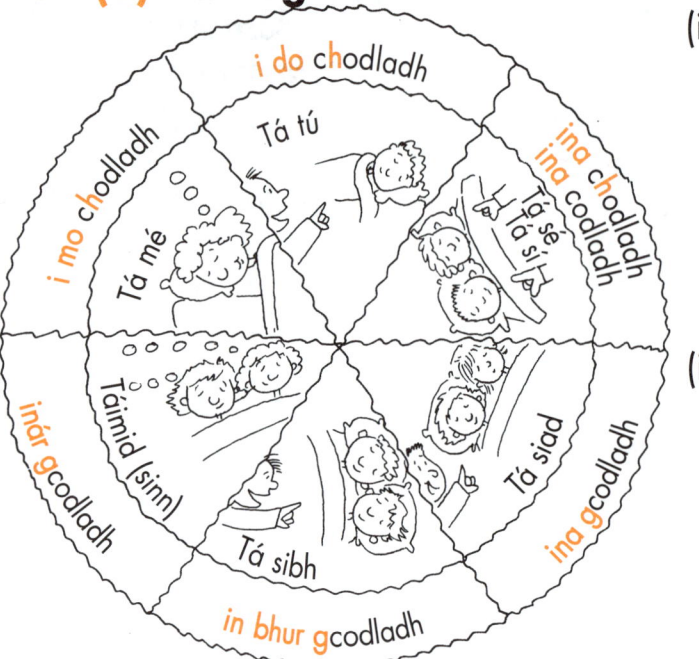

(i) i mo dhúiseacht (mé)
 i do dhúiseacht (tú)
 ina dhúiseacht (sé)
 ina dúiseacht (sí)
 inár ndúiseacht (sinn)
 in bhur ndúiseacht (sibh)
 ina ndúiseacht (siad)

(ii) i mo chónaí (mé)
 i do chónaí (tú)
 ina chónaí (sé)
 ina cónaí (sí)
 inár gcónaí (sinn)
 in bhur gcónaí (sibh)
 ina gcónaí (siad)

Wheel diagram with segments labelled: i mo chodladh (Tá mé), i do chodladh (Tá tú), ina chodladh / ina codladh (Tá sé / Tá sí), ina gcodladh (Tá siad), in bhur gcodladh (Tá sibh), inár gcodladh (Táimid (sinn)).

(b) Scríobh amach na habairtí seo a leanas gan lúibíní:

1. An bhfuil Tomás (i : codladh)?
2. Tá Gobnait (i : dhúiseacht).
3. Níl Mamó (i : chodladh).
4. Bhí na cailíní (i : dúiseacht) ar a hocht a chlog.
5. Nílimid (i : codladh) anois.
6. Tá Daidí (i : cónaí) i bPort Láirge.
7. Bhí Máire (i : chónaí) in Inis an bhliain seo caite.
8. Tá mé (i : cónaí) i Muigheo.
9. Rith Tomás i mo (diaidh).
10. Rith an madra inár (diaidh).

5. **Éist leis an téip agus freagair na ceisteanna.**
CD Rian 19

1. Céard a bhí ina láimh ag Seán?
2. An bhfaca sé Pól sa pháirc?
3. Cén séasúr a bhí ann, meas tú?
4. Cár leag siad na rothair?
5. Cé a rug ar an mála plaisteach?
6. Cé mhéad ceapaire a thug Seán do Phól?
7. Cén t-am a d'fhill siad abhaile?

CEACHT 19

Ócáidí Speisialta

Comhrá beirte/Comhrá baile

A Cuir ceist agus B freagair.

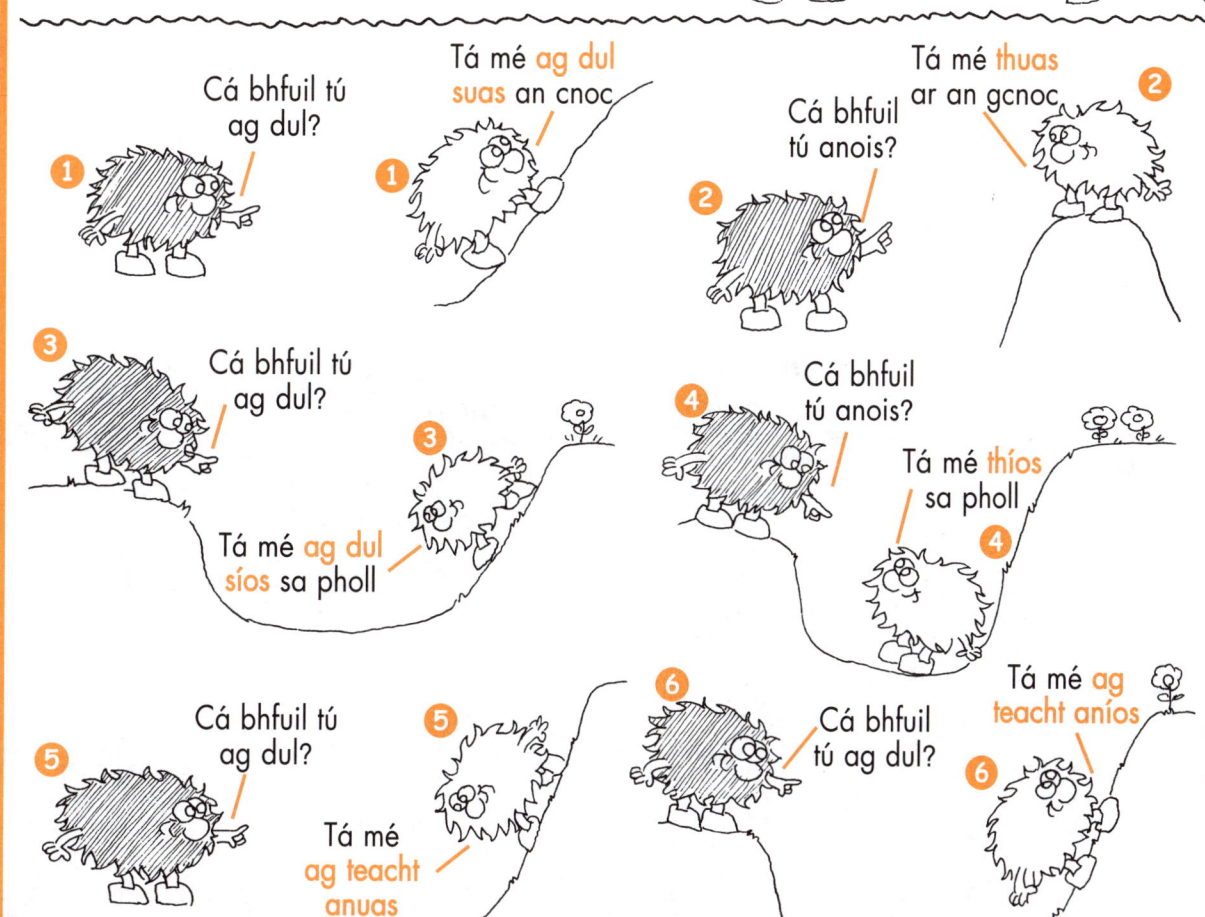

A — Cá bhfuil tú ag dul?
B — Tá mé ag dul **isteach**

A — Cá bhfuil tú anois?
B — Tá mé **istigh** sa teach

A — Cá bhfuil tú ag dul?
B — Tá mé ag dul **amach**

A — Cá bhfuil tú anois?
B — Tá mé **amuigh** sa chlós

Cá bhfuil tú ag dul? — Tá mé **ag dul suas** an cnoc

Cá bhfuil tú anois? — Tá mé **thuas** ar an gcnoc

Cá bhfuil tú ag dul? — Tá mé **ag dul síos** sa pholl

Cá bhfuil tú anois? — Tá mé **thíos** sa pholl

Cá bhfuil tú ag dul? — Tá mé **ag teacht anuas**

Cá bhfuil tú ag dul? — Tá mé **ag teacht aníos**

95 nócha a cúig

Comhrá: An raibh timpiste agat riamh?
Ar thit tú riamh?
Ar bhris tú do chos? Ar ghortaigh tú do lámh?
Cad a tharla? An raibh sé tinn?
Cad a chuir Mamaí air?
An raibh tú san ospidéal riamh? srl.

1 Timpiste

1 an tríú coiscéim
an dara coiscéim
an chéad choiscéim

2 D'imigh a chosa uaidh

3 Bhí pian uafásach ina chois.

4 Chuir Daidí glaoch ar an otharcharr.

5 Thóg an bhanaltra X-gha den chos.

6 dhá mhaide croise
plástar Pháras
Fuair sé dhá mhaide croise.

96 nócha a sé

2 (a) Timpiste

Bhí Seán ag teacht anuas an staighre maidin inné. Bhí leabhar ar an tríú coiscéim. Ní fhaca Seán é. Sheas sé ar an leabhar agus d'imigh a chosa uaidh. Thit sé tóin thar ceann go bun an staighre. Bhí pian uafásach ina chois. Bhí sí briste.

Chuir Daidí glaoch ar an otharcharr. Thóg an t-otharcarr Seán go dtí an t-ospidéal. Chuaigh Daidí in éineacht leis. Thóg banaltra x-gha den chos. Chuir an dochtúir plástar Pháras uirthi. Fuair sé dhá mhaide croise. Thóg tacsaí Daidí agus Seán abhaile.

Tháinig a chara Ciarán ar cuairt chuige. Scríobh sé a ainm ar an bplástar Pháras. Níorbh fhéidir le Seán dul amach ag súgradh. Bhí díomá air. Beidh sé níos cúramaí ag teacht anuas an staighre an chéad uair eile.

(b) Ceisteanna

1. An raibh cianrialtán ar an tríú coiscéim?
2. Cad a tharla do Sheán?
3. An raibh a lámh briste?
4. Cad a rinne Daidí?
5. An ndeachaigh Mamaí in éineacht le Seán?
6. Conas a chuaigh Seán go dtí an t-ospidéal?
7. An ndeachaigh Daidí agus Seán abhaile sa bhus?
8. Cén fáth a raibh díomá ar Sheán?

Foclóir:

coiscéim = step; tóin thar ceann = head over heels; in éineacht leis = with him; dhá mhaide croise = two crutches; díomá = disappointment.

(c) Abair nó scríobh na freagraí:

1. Ainmnigh dhá rud atá istigh i do mhála.
2. An bhfuil cúirt chispheile amuigh sa chlós?
3. Ar tháinig cigire isteach sa seomra inné?
4. Ainmnigh dhá rud atá ag barr an tseomra.
5. Ainmnigh dhá rud atá ag bun an tseomra.

3

thuas

ag dul suas
ag teacht anuas

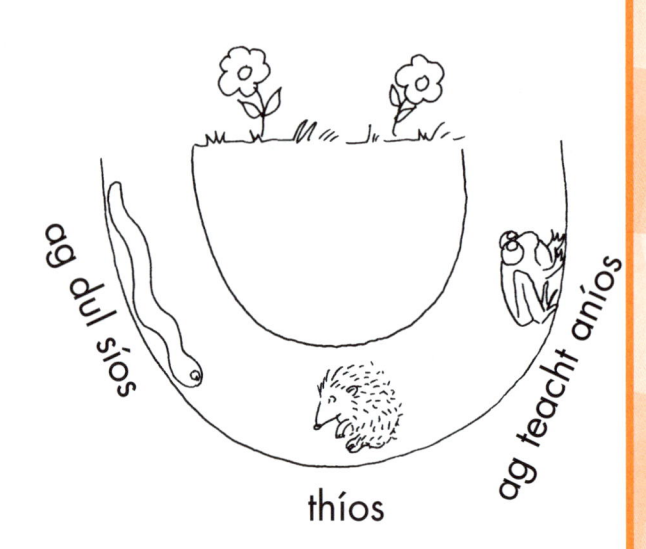

ag dul síos
ag teacht aníos

thíos

1. Cad tá ar bharr an chrainn?
2. Cá bhfuil an cat ag dul?
3. Cá bhfuil an ghráinneog?
4. Cá bhfuil an frog ag dul?
5. Cad tá ag dul suas an crann?
6. Cad tá ag dul síos an poll?

4 **(a) Le foghlaim:**

an fichiú céim
an naoú céim déag
an t-ochtú céim déag
an seachtú céim déag
an séú céim déag
an cúigiú céim déag
an ceathrú céim déag
an tríú céim déag
an dóú céim déag
an t-aonú céim déag
an deichiú céim
an naoú céim
an t-ochtú céim
an seachtú céim
an séú céim
an cúigiú céim
an ceathrú céim
an tríú céim
an dara céim
an chéad chéim

(b) An Nollaig

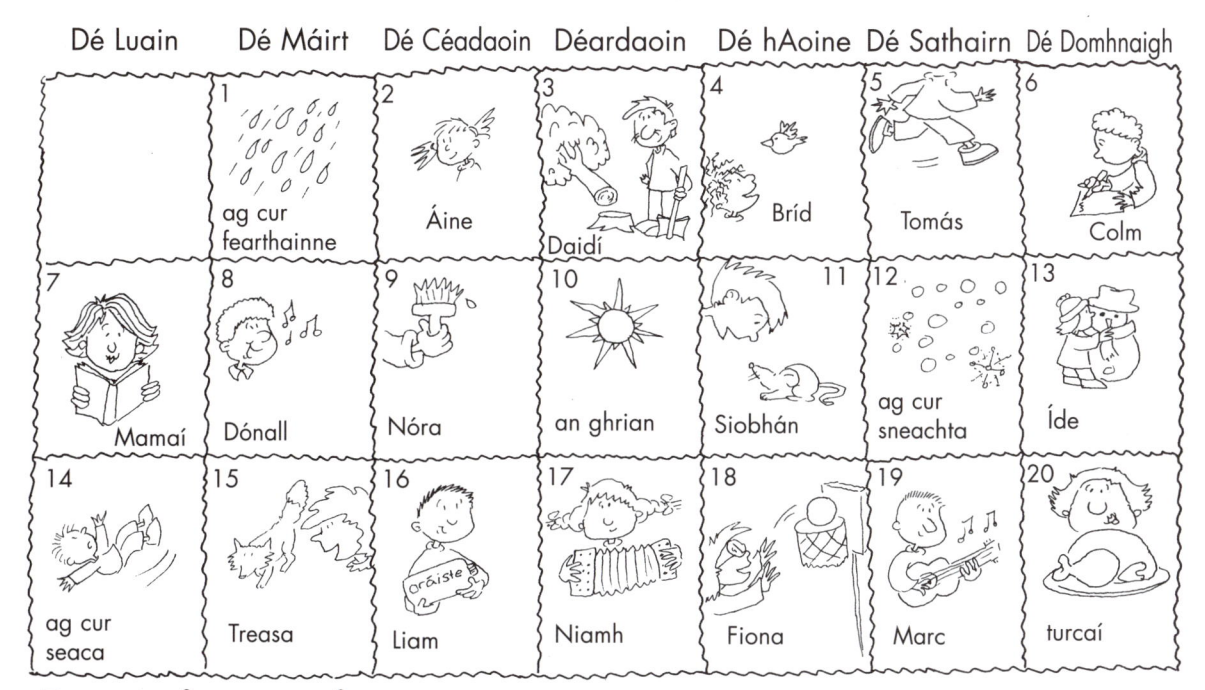

Dé Luain	Dé Máirt	Dé Céadaoin	Déardaoin	Dé hAoine	Dé Sathairn	Dé Domhnaigh
	1 ag cur fearthainne	2 Áine	3 Daidí	4 Bríd	5 Tomás	6 Colm
7 Mamaí	8 Dónall	9 Nóra	10 an ghrian	11 Siobhán	12 ag cur sneachta	13 Íde
14 ag cur seaca	15 Treasa	16 Liam	17 Niamh	18 Fiona	19 Marc	20 turcaí

Freagair na ceisteanna.

Sampla: Cathain a bhí sé ag cur fearthainne? Freagra: Bhí sé ag cur fearthainne ar an gcéad lá de Nollaig.

1. Cathain a bhí an ghrian ag taitneamh?
2. Cathain a leag Daidí an crann?
3. Cathain a léigh Mamaí leabhar?
4. Cathain a bhí sé ag cur sneachta?
5. Cathain a scríobh Colm litir?
6. Cathain a bhí Nóra ag péinteáil?
7. Cathain a chonaic Treasa an sionnach?
8. Cathain a bhí sé ag cur seaca?

5 Scríobh an scéal agus tarraing pictiúir a cúig agus a sé.

99 nócha a naoi

CEACHT 20

adhastar

diallait

Bhí an tÁdh le Síle   CD Rian 20

Bhí Mamaí ina suí ar an tolg sa seomra suí. Bhí sí ag léamh leabhair. Shiúil Síle isteach sa seomra.

"A Mhamaí," arsa Síle. "Beidh mo bhreithlá ann ar an Satharn. An bhfuil cead agam an deireadh seachtaine a chaitheamh i dteach Laoise?"

"An mbeidh na ceachtanna déanta agat?" arsa Mamaí.

"Ní thugann an múinteoir aon obair bhaile dúinn ar an Aoine," arsa Síle.

"Is dóigh liom gur féidir leat dul mar sin," arsa Mamaí. "Cuirfidh mé glaoch ar mháthair Laoise."

Dúirt máthair Laoise go raibh áthas uirthi go raibh Síle ag teacht.

Thóg Mamaí Síle go teach Laoise maidin Shathairn. Chuir Laoise agus a Mamaí fáilte mhór rompu. D'fhill máthair Shíle abhaile.

Thaispeáin Laoise clós na feirme do Shíle. Chonaic sí pónaí sa stábla.

"Ba mhaith liom dul ag marcaíocht air," arsa Síle. "An bhfuil cead agam?"

Foclóir: deireadh seachtaine = weekend; Thaispeáin sí = she showed.

100   céad

"Tá cinnte," arsa Laoise, "ach caithfidh tú an caipín seo a chur ar do cheann."

Chuir Laoise diallait agus adhastar ar an bpónaí. Ansin chuaigh Síle ar a dhroim. Thosaigh an pónaí ag siúl go mall timpeall na páirce. Cheap Síle go raibh sé ag dul go ró-mhall.

"Hup, hup," arsa Síle.

Ansin thosaigh an pónaí ag sodar. Díreach ansin léim sionnach anuas den chlaí. Bhain sé geit as an bpónaí. Stad sé go tobann agus thit Síle de. Rith Laoise chuici.

"An bhfuil tú gortaithe?" arsa Laoise.

"Níl mé," arsa Síle, "ach tá mo lámh rud beag tinn."

Thóg máthair Laoise Síle go dtí an dochtúir. D'fhéach an dochtúir ar a láimh.

"Ní dóigh liom go bhfuil aon chnámh briste," arsa an dochtúir. "Cuirfidh mé bindealán uirthi agus beidh sí ceart do leor."

Chuir máthair Laoise glaoch ar mháthair Shíle ar a fón póca. D'inis sí di cad a tharla. Ansin d'fhill siad ar an teach.

D'imir na cailíní cluichí sa teach. D'imir siad "Caith an Dísle" agus "Snap". Thaitin an deireadh seachtaine go mór le Síle. Bhí brón uirthi ag imeacht. Ní dhéanfaidh sí dearmad ar an deireadh seachtaine sin go ceann i bhfad.

Foclóir: diallait = saddle; adhastar = halter; ag sodar = trotting; gortaithe = injured; go ceann i bhfad = for a long time.

San Ospidéal CD Rian 21

Síle: Dia duit, a Chiara. Conas tá tú?
Ciara: Tá mé go maith ach tá ocras an domhain orm.
Seán: Cathain a bhí an obráid agat?
Ciara: Bhí sí agam ar a deich a chlog ar maidin agus tá sé a seacht a chlog anois. Níor ith mé aon rud an lá go léir.
Banaltra: Bhuel, conas tá tú anois, a Chiara? Ar thóg tú na piollairí?
Ciara: Thóg mé ach tá ocras an domhain orm. An bhfuil cead agam aon rud a ithe?
Banaltra: Níl, a Chiara, ach gheobhaidh tú bia maidin amárach. An bhfaighidh mé bainne duit?
Ciara: Faigh, a bhanaltra. Go raibh maith agat.
Seán: Tá siad ag tabhairt aire mhaith duit, a Chiara.
Ciara: Tá, cinnte. Conas tá gach duine ar scoil?
Síle: Tá siad go maith. Ó, bhí Eoin i dtrioblóid arís. Bhí greannán aige agus rug an múinteoir air.
Seán: Caithfidh mise imeacht anois, a Chiara. Níl an obair bhaile críochnaithe agam fós.
Síle: Beidh mise ag imeacht freisin. Feicfimid thú arís amárach. Slán, a Chiara.
Ciara: Slán libh agus go raibh maith agaibh.

Foclóir: obráid = operation; gheobhaidh tú = you will get; An bhfaighidh mé? = will I get? críochnaithe = finished.

3 **Briathra Neamhrialta**

Aimsir Chaite	Aimsir Láithreach	Aimsir Fháistineach

Teigh

Chuaigh mé	Téim	Rachaidh mé
Chuaigh tú	Téann tú	Rachaidh tú
Chuaigh sé/sí	Téann sé/sí	Rachaidh sé/sí
Chuamar	Téimid	Rachaimid
Chuaigh sibh	Téann sibh	Rachaidh sibh
Chuaigh siad	Téann siad	Rachaidh siad
Diúltach	**Diúltach**	**Diúltach**
Ní dheachaigh mé	Ní théim	Ní rachaidh mé
Ceisteach	**Ceisteach**	**Ceisteach**
An ndeachaigh tú?	An dtéann tú?	An rachaidh tú?

Tar

Tháinig mé	Tagaim	Tiocfaidh mé
Tháinig tú	Tagann tú	Tiocfaidh tú
Tháinig sé/sí	Tagann sé/sí	Tiocfaidh sé/sí
Thángamar	Tagaimid	Tiocfaimid
Tháinig sibh	Tagann sibh	Tiocfaidh sibh
Tháinig siad	Tagann siad	Tiocfaidh siad
Diúltach	**Diúltach**	**Diúltach**
Níor tháinig mé	Ní thagaim	Ní thiocfaidh mé
Ceisteach	**Ceisteach**	**Ceisteach**
Ar tháinig tú?	An dtagann tú?	An dtiocfaidh tú?

Ith

D'ith mé	Ithim	Íosfaidh mé
D'ith tú	Itheann tú	Íosfaidh tú
D'ith sé/sí	Itheann sé/sí	Íosfaidh sé/sí
D'itheamar	Ithimid	Íosfaimid
D'ith sibh	Itheann sibh	Íosfaidh sibh
D'ith siad	Itheann siad	Íosfaidh siad
Diúltach	**Diúltach**	**Diúltach**
Níor ith mé	Ní ithim	Ní íosfaidh mé
Ceisteach	**Ceisteach**	**Ceisteach**
Ar ith tú?	An itheann tú?	An íosfaidh tú?

Briathra Neamhrialta

Aimsir Chaite	Aimsir Láithreach	Aimsir Fháistineach
	Déan	
Rinne mé	Déanaim	Déanfaidh mé
Rinne tú	Déanann tú	Déanfaidh tú
Rinne sé/sí	Déanann sé/sí	Déanfaidh sé/sí
Rinneamar	Déanaimid	Déanfaimid
Rinne sibh	Déanann sibh	Déanfaidh sibh
Rinne siad	Déanann siad	Déanfaidh siad
Diúltach	**Diúltach**	**Diúltach**
Ní dhearna mé	Ní dhéanaim	Ní dhéanfaidh mé
Ceisteach	**Ceisteach**	**Ceisteach**
An ndearna tú?	An ndéanann tú?	An ndéanfaidh tú?
	Clois	
Chuala mé	Cloisim	Cloisfidh mé
Chuala tú	Cloiseann tú	Cloisfidh tú
Chuala sé/sí	Cloiseann sé/sí	Cloisfidh sé/sí
Chualamar	Cloisimid	Cloisfimid
Chuala sibh	Cloiseann sibh	Cloisfidh sibh
Chuala siad	Cloiseann siad	Cloisfidh siad
Diúltach	**Diúltach**	**Diúltach**
Níor chuala mé	Ní chloisim	Ní chloisfidh mé
Ceisteach	**Ceisteach**	**Ceisteach**
Ar chuala tú?	An gcloiseann tú?	An gcloisfidh tú?
	Beir	
Rug mé	Beirim	Béarfaidh mé
Rug tú	Beireann tú	Béarfaidh tú
Rug sé/sí	Beireann sé/sí	Béarfaidh sé/sí
Rugamar	Beirimid	Béarfamid
Rug sibh	Beireann sibh	Béarfaidh sibh
Rug siad	Beireann siad	Béarfaidh siad
Diúltach	**Diúltach**	**Diúltach**
Níor rug mé	Ní bheirim	Ní bhéarfaidh mé
Ceisteach	**Ceisteach**	**Ceisteach**
Ar rug tú?	An mbeireann tú?	An mbéarfaidh tú?

Briathra Neamhrialta

Aimsir Chaite	Aimsir Láithreach	Aimsir Fháistineach
	Tabhair	
Thug mé	Tugaim	Tabharfaidh mé
Thug tú	Tugann tú	Tabharfaidh tú
Thug sé/sí	Tugann sé/sí	Tabharfaidh sé/sí
Thugamar	Tugaimid	Tabharfaimid
Thug sibh	Tugann sibh	Tabharfaidh sibh
Thug siad	Tugann siad	Tabharfaidh siad
Diúltach	**Diúltach**	**Diúltach**
Níor thug mé	Ní thugaim	Ní thabharfaidh mé
Ceisteach	**Ceisteach**	**Ceisteach**
Ar thug tú?	An dtugann tú?	An dtabharfaidh tú?
	Tá	
Bhí mé	Táim (Tá mé)	Beidh mé
Bhí tú	Tá tú	Beidh tú
Bhí sé/sí	Tá sé/sí	Beidh sé/sí
Bhíomar	Táimid	Beimid
Bhí sibh	Tá sibh	Beidh sibh
Bhí siad	Tá siad	Beidh siad
Diúltach	**Diúltach**	**Diúltach**
Ní raibh mé	Nílim (Níl mé)	Ní bheidh mé
Ceisteach	**Ceisteach**	**Ceisteach**
An raibh tú?	An bhfuil tú?	An mbeidh tú?
	Faigh	
Fuair mé	Faighim	Gheobhaidh mé
Fuair tú	Faigheann tú	Gheobhaidh tú
Fuair sé/sí	Faigheann sé/sí	Gheobhaidh sé/sí
Fuaireamar	Faighimid	Gheobhaimid
Fuair sibh	Faigheann sibh	Gheobhaidh sibh
Fuair siad	Faigheann siad	Gheobhaidh siad
Diúltach	**Diúltach**	**Diúltach**
Ní bhfuair mé	Ní fhaighim	Ní bhfaighidh mé
Ceisteach	**Ceisteach**	**Ceisteach**
An bhfuair tú?	An bhfaigheann tú?	An bhfaighidh tú?

Briathra Neamhrialta

Aimsir Chaite	Aimsir Láithreach	Aimsir Fháistineach
	Feic	
Chonaic mé	Feicim	Feicfidh mé
Chonaic tú	Feiceann tú	Feicfidh tú
Chonaic sé/sí	Feiceann sé/sí	Feicfidh sé/sí
Chonaiceamar	Feicimid	Feicfimid
Chonaic sibh	Feiceann sibh	Feicfidh sibh
Chonaic siad	Feiceann siad	Feicfidh siad
Diúltach	**Diúltach**	**Diúltach**
Ní fhaca mé	Ní fheicim	Ní fheicfidh mé
Ceisteach	**Ceisteach**	**Ceisteach**
An bhfaca tú?	An bhfeiceann tú?	An bhfeicfidh tú?
	Abair	
Dúirt mé	Deirim	Déarfaidh mé
Dúirt tú	Deir tú	Déarfaidh tú
Dúirt sé/sí	Deir sé/sí	Déarfaidh sé/sí
Dúramar	Deirimid	Déarfaimid
Dúirt sibh	Deir sibh	Déarfaidh sibh
Dúirt siad	Deir siad	Déarfaidh siad
Diúltach	**Diúltach**	**Diúltach**
Ní dúirt mé	Ní deirim	Ní déarfaidh mé
Ceisteach	**Ceisteach**	**Ceisteach**
An ndúirt mé?	An ndeir tú?	An ndéarfaidh tú?

4 **(a)** **Léigh an giota seo a leanas:**
Faigheann Síle greannán nua gach Satharn. Déanann sí lón don chat ach itheann sí a dinnéar ar dtús. Téann sí go dtí an chathair sa bhus. Ní théann sí ar rothar. Feiceann sí greannáin sna siopaí. Ní fheiceann sí camáin. Beireann sí ar ghreannán amháin. Tugann sí airgead don siopadóir. Deir sé, "Go raibh maith agat." Tagann sí abhaile ansin. Bíonn áthas an domhain uirthi.

(b) Cuir an giota thuas san Aimsir Chaite.
Tosaigh mar seo: "Fuair Síle greannán nua Dé Sathairn seo caite . . ."

(c) Anois cuir an giota céanna san Aimsir Fháistineach.
Tosaigh mar seo: "Gheobhaidh Síle greannán nua Dé Sathairn seo chugainn . . ."

CEACHT 21

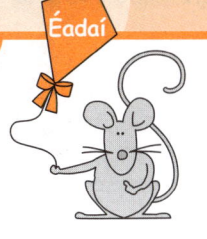

Comhrá beirte/Comhrá baile

A cuir ceist agus B freagair.

A ① Ainmnigh na baill éadaigh atá ort.

① (a) Tá veist agus léine orm.
(b) Tá carbhat agus bríste orm.
(c) Tá stocaí agus geansaí orm.

① (d) Tá gúna orm.

② Cén dath atá ar do chuid éadaigh?

② (a) Tá dath ____ ar mo bhríste,
(b) dath ____ ar mo gheansaí,
(c) dath ____ ar mo léine.

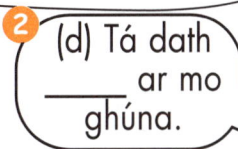

② (d) Tá dath ____ ar mo ghúna.

③ Ainmnigh na saghasanna bróg atá agat?

③ (a) Tá buataisí agam.
(b) Tá bróga reatha agam.
(c) Tá cuaráin agam.
(d) Tá slipéir agam.

④ Cár cheannaigh Mamaí do chuid éadaigh?

④ Cheannaigh sí iad sa siopa éadaigh.

Abair nó scríobh na freagraí.

1. An bhfuil buataisí ort anois?
2. Cén dath atá ar do bhróga?
3. Cé a cheannaigh do gheansaí?
4. Cár cheannaigh sí é?

Comhrá: An ndeachaigh tú faoi láimh an easpaig i mbliana?
Ar chaith tú cóta/bléasar/geansaí/sciorta/gúna?
Cad a bhí ar do cheann agat?
Ar labhair an t-easpag leat?
Inis dom faoi na héadaí a chaith tú?
Cé a bhí in éineacht leat sa séipéal? srl.

1 Culaith Nua

1 ag dul faoi láimh an easpaig

2 Bhí cufaí ar na muinchillí.

3 Cheap sí go mbeadh an gúna rófhada di.

4 seaicéad agus sciorta
cnaipí ornáideacha

5 céad euro

6 Bhí ríméad ar Shíle.

108   céad a hocht

2 (a) Culaith Nua

Bhí Síle ag dul faoi láimh an easpaig. Bhí uirthi culaith nua a fháil. Thóg Mamaí í go dtí an chathair. Chuaigh siad isteach i siopa éadaigh.

Chonaic Mamaí cóta donn olla. Bhí cufaí ar na muinchillí. Cheap Mamaí go raibh sé go hálainn. Bhí gúna buí ag dul leis an gcóta. Níor thaitin sé le Síle. Cheap sí go mbeadh an gúna rófhada di.

Ansin chonaic Síle seaicéad. Bhí sé cosúil le bléasar. Bhí cnaipí ornáideacha air. Bhí sciorta dearg ag dul leis. Thaitin siad go mór léi. Thaitin siad le Mamaí freisin. D'íoc sí astu. Thug sí céad euro don siopadóir. Bhí ríméad ar Shíle. Beidh bród an domhain uirthi nuair a thiocfaidh an lá mór.

(b) Dialann Shíle   An Satharn 20 Bealtaine

Culaith nua uaim. Mamaí agus mé féin go dtí an siopa éadaigh. Seaicéad agus cnaipí ornáideacha air. Sciorta dearg ag dul leis. Chosain sé céad euro. Tá áthas an domhain orm.

(c) Ceisteanna

1. Cén fáth a raibh ar Shíle culaith nua a fháil?
2. Céard a chonaic Mamaí?
3. Céard a bhí ar an seaicéad?
4. Cén sórt sciorta a bhí ag dul leis?
5. Céard a chosain an chulaith?

Foclóir:
ag dul faoi láimh an easpaig = going to be confirmed; cufaí = cuffs; muinchillí = sleeves; bléasar = blazer; ríméad = joy.

(d) Tomhas

Tá sé i mo phóca agam agus ní maith liom é. Thógfainn amach é ach ní féidir liom. Cad é?

Poll

3 (a) Le foghlaim:

Modh Coinníollach

Glan	Ól
Ghlanfainn	D'ólfainn
Ghlanfá	D'ólfá
Ghlanfadh sé/sí	D'ólfadh sé/sí
Ghlanfaimis	D'ólfaimis
Ghlanfadh sibh	D'ólfadh sibh
Ghlanfaidís	D'ólfaidís
Diúltach	**Diúltach**
Ní ghlanfainn	Ní ólfainn
Ceisteach	**Ceisteach**
An nglanfá?	An ólfá?

(b) Scríobh amach na habairtí seo a leanas gan lúibíní:

1. (Dún: mé) an fhuinneog dá mbeadh sé fuar.
2. (Dún) Colm an doras dá mbeadh sé ag cur seaca.
3. Ní (dún) Síle an doras dá mbeadh sé an-te.
4. (Scuab: mé) an t-urlár dá mbeadh sé salach.
5. (Las) Mamaí an tine dá mbeadh sneachta ann.
6. (Gearr) Áine arán dá mbeadh ocras uirthi.
7. An (las: tú) an solas dá mbeadh sé dorcha?
8. An (ól: tú) uisce dá mbeadh tart ort?
9. (Ól: mé) lúcosáid dá mbeadh tart orm.
10. (Fan: mé) sa bhaile dá mbeadh tintreach ann.

4 Éist agus scríobh an focal 'fíor' nó 'bréagach.'
CD Rian 22

1. Bhí bróga nua ag teastáil ó Thomás.   1. _____
2. Ghlaoigh Daidí air.   2. _____
3. Thóg tacsaí isteach go lár na cathrach iad. 3. _____
4. Bhí an siopa éadaigh in aice leis an siopa búistéara. 4. _____
5. Bhí dath buí ar an gcóta.   5. _____
6. Thug an siopadóir bríste dó.   6. _____
7. Chonaic Tomás é féin sa scáthán.   7. _____
8. Thaitin an chulaith le Daidí.   8. _____
9. Thug sé céad euro don siopadóir.   9. _____
10. Bhí Daidí ag dul faoi láimh an easpaig.   10. _____

CD Rian 23

Ag Críost an Síol

I
Ag Críost an síol,
Ag Críost an fómhar,
In iothlainn Dé
Go dtugtar sinn.

II
Ag Críost an mhuir,
Ag Críost an t-iasc;
I líonta Dé
Go gcastar sinn.

III
Ó fhás go haois,
Is ó aois go bás,
Do dhá láimh, a Chríost
Anall tharainn.

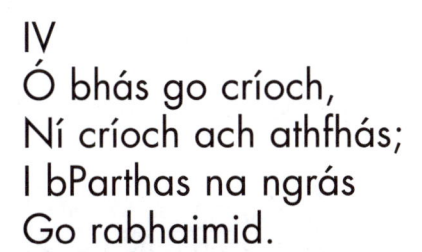

IV
Ó bhás go críoch,
Ní críoch ach athfhás;
I bParthas na ngrás
Go rabhaimid.

Mícheál Ó Síocháin

Foclóir: síol = seed; iothlainn = barn; an mhuir = the sea; líonta = nets; ó fhás go haois = from growth to age; anall tharainn = around us; athfhás = second growth; i bParthas na ngrás = in blessed Paradise.

CEACHT 22

Comhrá beirte/Comhrá baile

A cuir ceist agus B freagair.

A

1. Cad a chuireann tú ort nuair a bhíonn sé ag cur báistí?
2. Cad a chuireann tú ort nuair a bhíonn sé an-fhuar?
3. Cad a chuireann tú ort nuair a bhíonn sé an-te?
4. Cad a chuireann tú ort nuair a bhíonn tú ag imirt peile?
5. Cad a chuireann tú ort nuair a bhíonn tú ag dul ag snámh?

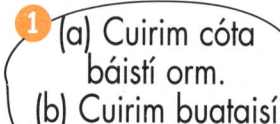

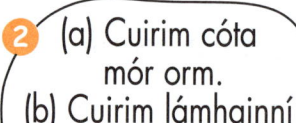

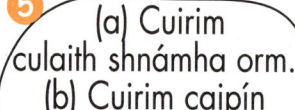

B

1. (a) Cuirim cóta báistí orm.
   (b) Cuirim buataisí orm.
2. (a) Cuirim cóta mór orm.
   (b) Cuirim lámhainní orm.
   (c) Cuirim scaif orm.
3. (a) Cuirim T-léine orm.
   (b) Cuirim brístí gearra orm.
   (c) Cuirim cuaráin orm.
4. (a) Cuirim bróga peile orm.
   (b) Cuirim stocaí peile agus geansaí peile orm.
5. (a) Cuirim culaith shnámha orm.
   (b) Cuirim caipín snámha orm.
   (c) Cuirim mútóga orm.

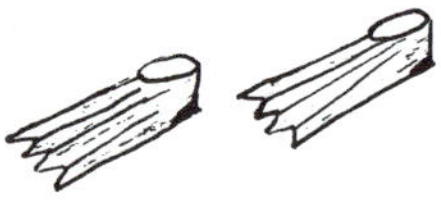

Abair nó scríobh na freagraí.

1. An gcuireann tú buataisí ort nuair a bhíonn an aimsir te?
2. An gcuireann tú lámhainní ort nuair a bhíonn an aimsir an-fhuar?
3. Cá bhfuil do lámhainní anois?
4. Cá bhfuil do chuaráin anois?

Comhrá: An bhfaca tú garda riamh?
Cá bhfaca tú í/é?
An raibh sé/sí ar diúité/ar patról/sa charr patróil?
An raibh sé sa bheairic?
An raibh sé ar rothar/i gcarr/ar ghluaisrothar? srl.

1 An Garda

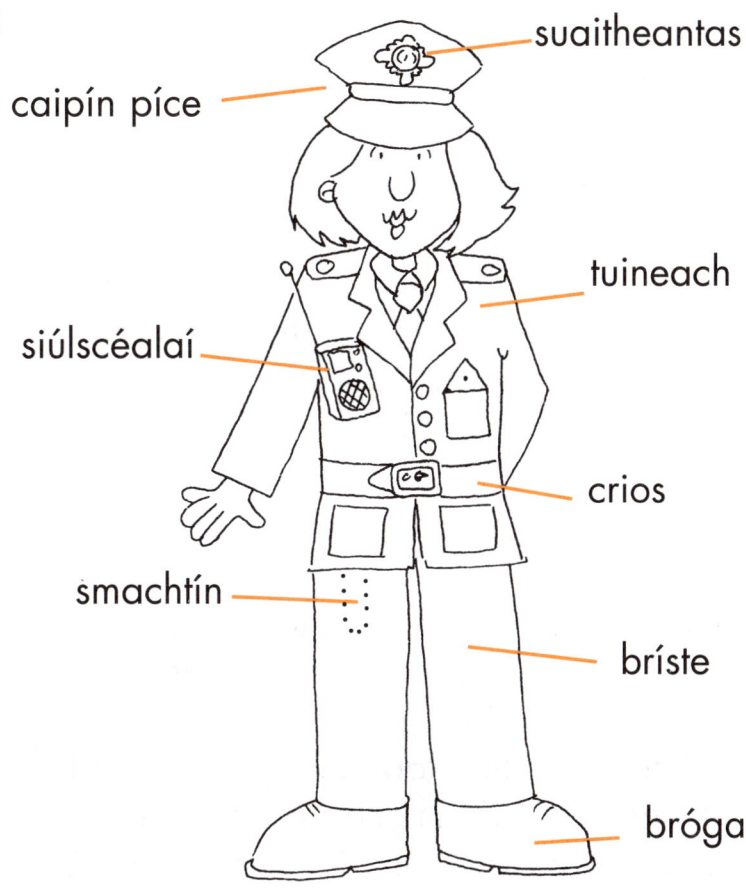

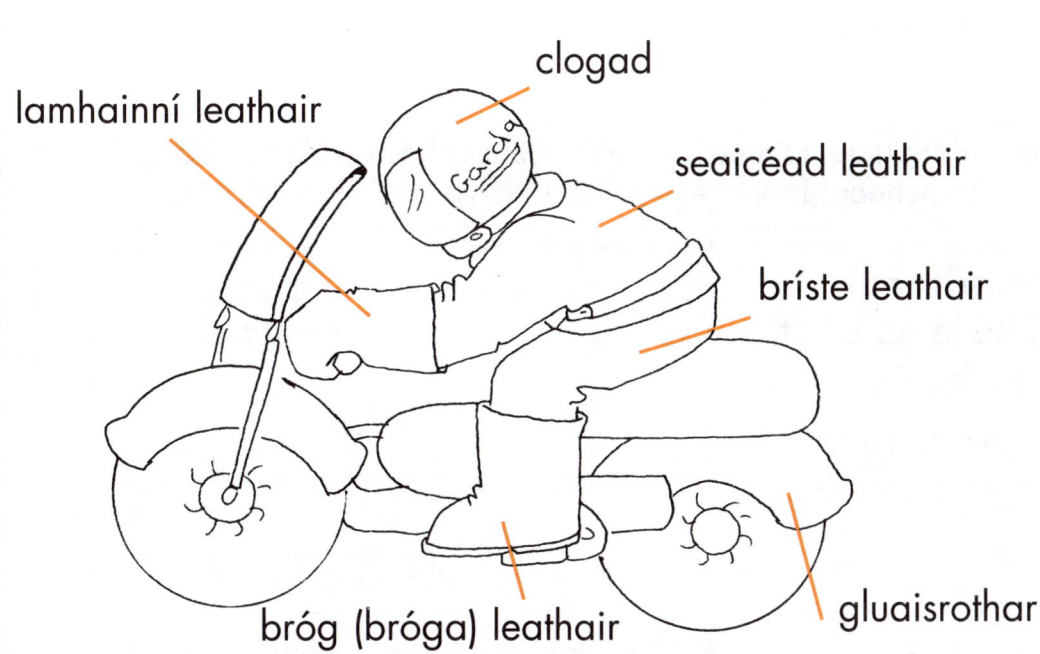

- suaitheantas
- caipín píce
- tuineach
- siúlscéalaí
- crios
- smachtín
- bríste
- bróga

- clogad
- lamhainní leathair
- seaicéad leathair
- bríste leathair
- bróg (bróga) leathair
- gluaisrothar

2 (a) An Garda

Garda is ea m'uncail. Tá sé ina chónaí i dteach leathscoite. Caoimhín is ainm dó.

   Caitheann sé éide dhúghorm nuair a bhíonn sé ar diúité. Bíonn caipín píce ar a cheann. Caitheann sé tuineach, bríste agus carbhat dúghorm. Bíonn siúlscéalaí agus smachtín aige, freisin. Bíonn an smachtín faoi cheilt aige ina bhríste. Is annamh a thógann sé amach é. Dá mbeadh fonn troda ar dhuine thaispeánfadh sé dó é.

   Uaireanta téann sé ar patról ar ghluaisrothar. Bíonn seaicéad agus bróga leathair air. Caitheann sé lámhainní leathair freisin. Ní ligeann siad an bháisteach isteach. Caitheann sé clogad ar a cheann. Tá post iontach aige. Beidh mise i mo gharda nuair a bheidh mé mór.

(b) Ceisteanna

1. Cá bhfuil d'uncail ina chónaí?
2. Cathain a chaitheann sé éide dhúghorm?
3. Cén dath a bhíonn ar léine gharda?
4. Céard a bhíonn faoi cheilt aige ina bhríste?
5. An dtógann sé amach an smachtín go minic?
6. Céard a chaitheann sé nuair a bhíonn sé ar a ghluaisrothar?

Foclóir:
dúghorm = dark blue; tuineach = tunic; siúlscéalaí = walkie-talkie; smachtín = truncheon; faoi cheilt = concealed; annamh = seldom.

(c) Seanfhocal

Ní hé lá na báistí lá na bpáistí.

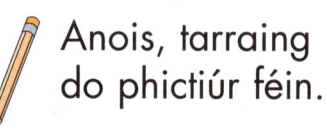

Anois, tarraing do phictiúr féin.

3 (a) Le foghlaim:

Modh Coinníollach

Cuir	Nigh
Chuirfinn	Nífinn
Chuirfeá	Nífeá
Chuirfeadh sé/sí	Nífeadh sé/sí
Chuirfimis	Nífimis
Chuirfeadh sibh	Nífeadh sibh
Chuirfidís	Nífidís
Diúltach	**Diúltach**
Ní chuirfinn	Ní nífinn
Ceisteach	**Ceisteach**
An gcuirfeá?	An nífeá?

(b) Scríobh amach na habairtí seo a leanas gan lúibíní:

1. (Cuir: mé) cóta orm dá mbeadh sé ag cur fearthainne.
2. (Cuir) Íde an madra amach dá mbeadh sé istigh sa chistin.
3. (Bain: mé) mo bhróga díom dá mbeinn ag dul a chodladh.
4. (Buail: mé) an sliotar dá mbeadh camán agam.
5. An (cuir: tú) cóta ort dá mbeadh sé fuar?
6. (Rith: mé) ar scoil dá mbeadh sé a deich a chlog.
7. (Caith: mé) liathróidí sneachta dá mbeadh lámhainní orm.
8. (Tit: mé) dá mbeadh leac oighir ar an mbóthar.
9. (Cuir) Colm cóta mór air dá mbeadh sé ag cur seaca.
10. (Seinn) Áine ceol dá mbeadh veidhlín aici.

4 (a) Le foghlaim:

roimh → h
roimh an → urú

Chuir mé fáilte roimh Chiara.
Chuir mé fáilte roimh an ngarda.

romham
romhat   Shiúil sé romham.
roimhe   Tháinig sé isteach romham.
roimpi   Chuir sí fáilte romham.
romhainn   Bhí an carr romham.
romhaibh   Bhí eagla air romham.
rompu

(b) Bain na lúibíní díobh seo agus líon na bearnaí:
1. Chuir m'athair fáilte roimh (Máire) _____ inné.
2. Chuir Seán fáilte roimh an (fear) _____ aréir.
3. Rith an madra roimh an (carr) _____.
4. Nuair a tháinig Ciara isteach chuireamar fáilte (sí) _____.
5. Chuir an múinteoir fáilte (mise agus Áine) _____.
6. Bhí tarbh sa pháirc agus bhí eagla orm (sé) _____.
7. Níorbh fhéidir le Máire an cluiche a fheiceáil mar bhí fear mór (sí) _____.
8. Chuir Síle fáilte ____ ____ _____ (captaen).

5. Scríobh scéal bunaithe ar na pictiúir seo a leanas agus críochnaigh é.
Tarraing pictiúr uimhir a sé.
Bain úsáid as na frásaí agus na focail seo a leanas:
siopa seodóra – beirt ghadaithe – sceana – eagla an domhain – thar an gcuntar – scipéad airgid — siúlscéalaí

CEACHT 23

Comhrá beirte/Comhrá baile

A cuir ceist agus B freagair.

A
1. An raibh tú ar chúrsa samhraidh riamh?
2. Ar thaitin sé leat?
3. Cá bhfuil an Rinn?
4. An raibh na ranganna leadránach?
5. Cad a rinne tú i ndiaidh na ranganna?
6. Cad a rinne tú san oíche?

B
1. Bhí mé ar chúrsa samhraidh sa Rinn.
2. Thaitin sé go mór liom.
3. Tá an Rinn i gContae Phort Láirge.
4. Ní raibh. Chanamar amhráin. D'imríomar cluichí cainte agus chuireamar drámaí ar siúl.
5. Chuaigh mé ag snámh nó d'imir mé galf dhá mhaide. D'imir mé leadóg agus liathróid láimhe treisin.
6. Chuaigh mé go dtí an céilí gach oíche. Bhí spórt an domhain agam ann.

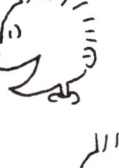

Focloir: galf dhá mhaide = pitch and putt

Abair nó scríobh na freagraí.

1. An féidir leat Gaeilge a labhairt?
2. Ar mhaith leat dul go coláiste samhraidh?
3. Cén cluiche is fearr leatsa?
4. An maith leat bheith ag rince?
5. An raibh tú riamh i ndráma?

Comhrá: An maith leat Gaeilge/Béarla/Fraincís?
Cé acu is fearr leat, Gaeilge nó Fraincís?
Ar chuala tú daoine ag labhairt Gaeilge ar an tsráid/sa siopa/ar an teilifís?
An ndeachaigh tú go dtí an Ghaeltacht riamh?
An ndeachaigh tú go coláiste samhraidh riamh?
Ar mhaith leat dul ann?

1

① Baile Átha Cliath
Port Láirge
Dún Garbhán
Coláiste na Rinne

② galf dhá mhaide

③ iománaíocht
liathróid láimhe

④ céilí

Foclóir:
Dún Garbhán = Dungarvan; Co. Phort Láirge = Co. Waterford; leadóg = tennis; liathróid láimhe = handball; galf dhá mhaide = pitch and putt; Tá sé ar eolas agam = I know it; Scríobh chugam go luath = Write to me soon.

118 céad a hocht déag

2 (a) Litir

Coláiste na Rinne,
Dún Garbhán,
Co. Phort Láirge.
10/7/01

A Mhamaí dhil,

Tá súil agam go bhfuil tú go maith. Tá ag éirí go breá liom sa choláiste. Tosaíonn na ranganna ar a deich a chlog gach lá. Is maith liom na drámaí agus na cluichí cainte. Is féidir liom an fheadóg stáin a sheinm níos fearr anois.

Tá a lán caitheamh aimsire sa choláiste seo. Imrím leadóg, iománaíocht, peil agus liathróid láimhe. Ach is é galf dhá mhaide an cluiche is fearr liom. Téim ag snámh san fharraige taobh thiar den choláiste.

Bíonn céilí againn gach oíche. Tá cúpla rince Gaelach ar eolas agam anois. An bhfuil cead agam filleadh ar an gcoláiste seo arís an bhliain seo chugainn? Scríobh chugam go luath.

Slán,
Le grá,
Síle

(b) Cárta Poist

Coláiste na Rinne,
Dún Garbhán,
Co. Phort Láirge.
4/7/01

A Chiara, a chara,
Conas tá tú? Tá an áit seo go hiontach. Tá a lán caitheamh aimsire againn. Tá na múinteoirí go deas. Tá an bia go blasta, freisin. Taitníonn an céilí go mór liom. Scríobh chugam gan mhoill.
Slán go fóill,
Síle

Ciara Ní Riain,
4 Bóthar an Airm,
Corcaigh.

(c) Tá tú ar saoire cois farraige sa Spáinn.

Cuir cárta poist abhaile chuig do chara. Inis dó cad a dhéanann tú gach lá agus conas tá ag éirí leat.

3 (a) Le foghlaim:
Modh Coinníollach

Ceannaigh	**Éirigh**
Cheannóinn	D'éireoinn
Cheannófá	D'éireofá
Cheannódh sé/sí	D'éireodh sé/sí
Cheannóimis	D'éireoimis
Cheannódh sibh	D'éireodh sibh
Cheannóidís	D'éireoidís
Diúltach	**Diúltach**
Ní cheannóinn	Ní éireoinn
Ceisteach	**Ceisteach**
An gceannófá?	An éireofá?

(b) Scríobh amach na habairtí seo a leanas gan lúibíní:
1. (Ceannaigh: mé) bríste dá mbeadh sé uaim.
2. (Ceannaigh) Áine gúna dá mbeadh airgead aici.
3. (Maraigh) an cat an luch dá mbeadh sí sa teach.
4. (Tosaigh: mé) ag foghlaim dá mbeadh sé a cúig a chlog.
5. (Tosaigh) Mamaí ag obair dá mbeadh sé a naoi a chlog.
6. (Triomaigh: mé) an matal dá mbeadh sé fliuch.
7. (Thriomaigh) Síle a haghaidh dá mbeadh sí fliuch.
8. (Éirigh: mé) ar a hocht a chlog dá mbeadh an Luan ann.
9. (Éirigh) Ciara ar a naoi a chlog dá mbeadh an Domhnach ann.
10. (Ardaigh: mé) fuaim na teilifíse dá mbeinn rud beag bodhar.

4 Éist agus freagair.
CD Rian 24

1. Cá raibh Áine ag dul?
2. An ndeachaigh sí ann sa bhus?
3. Cár bhuail sí le Ciara?
4. Cé a bhí i gColáiste na Rinne an samhradh seo caite?
5. Ar thaitin an coláiste le hÁine?
6. Cathain a d'imir Áine galf dhá mhaide?
7. Ar chuir an coláiste aon duine abhaile?

5 (a) Le foghlaim:

chuig an → **urú**

Shiúil an garda chuig an ngadaí

chugam
chugat
chuige
chuici
chugainn
chugaibh
chucu

Scríobh Seán litir chugam.
Rith mo mhadra Spota chugam.
Shiúil an garda chugam.
Tháinig m'aintín ar cuairt chugam.

(b) Bain na lúibíní díobh seo agus líon na bearnaí:

1. Níor scríobh m'uncail litir (mé) _____.
2. Scríobh a haintín cárta poist (sí) _____.
3. Nuair a tháinig an t-easpag isteach (sinn) _____, sheasamar.
4. Nuair a chonaic Seoirse a chara sa pháirc, rith sé go tapa (sé) _____.
5. Shiúil Daidí chuig an (banaltra) _____.
6. An ndeachaigh Liam isteach (sibh) _____?

6 Rabhlóg

D'imir dhá ghoraille chliste galf dhá mhaide ag an gcoláiste.

CD Rian 25

Cois Farraige

Tá tonnta na farraige
Ag briseadh ar an trá;
Tá naomhóga is tráiléirí
Ag seoladh ar an mbá.

Is breá liom bheith cois farraige
Nuair a bhíonn an lá go breá
Ag lapadaíl san uisce
Is ag súgradh ar an trá.

Ag dreapadh ar bharr aille
Nó ag bailiú stór sliogán
Ag iascach i bpoll carraige
Ach seachain an portán.

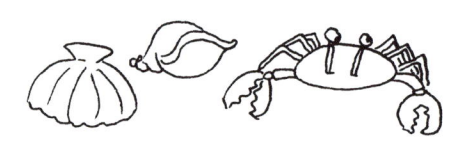

Ba bhreá liom dul thar farraige
Go tíortha i bhfad i gcéin,
Ar bord na loinge móire
Agus mise mar chaptaen.

D'fheicfinnse na calafoirt
's na hiontaisí go léir,
Ach bheinn ar ais sa bhaile
Le Mam i gcomhair an tae.

Seán Ó Muimhneacháin

CEACHT 24

Beannachtaí — Comhrá beirte/Comhrá baile

1. Dia duit!
1. Dia is Muire duit!

2. Móra duit ar maidin!
2. Móra is Muire duit féin!

3. Bail ó Dhia ort!
3. An bhail chéanna ort!

4. Fáilte romhat!
4. Go maire tú!

5. Nollaig shona duit!
5. Gurab amhlaidh duit!

6. Athbhliain nua faoi shéan is faoi mhaise duit!
6. Gurab amhlaidh duit!

7. Lá breithe sona duit!
7. Go raibh maith agat!

8. Go maire tú is go gcaithe tú é!
8. Go raibh maith agat!

9. Slán leat!
9. Slán agat!

10. Go n-éirí an bóthar libh!
    Slán!

123 céad fiche a trí

Comhrá: An ndeachaigh tú ar thuras scoile riamh?
Cár chuaigh tú?
An ndeachaigh múinteoirí ar an turas scoile?
Cé mhéad múinteoir a chuaigh libh? Ar thóg tú lón leat?
Ar ith tú i mbialann?
An ndeachaigh sibh ar thraein/ar bhus/in eitleán?
An raibh tú spíonta amach i ndeireadh an lae? srl.

1 Turas Scoile

1 Luimneach • Cill Fhionáin • Corcaigh

2 Thug na múinteoirí pictiúir de bhláthanna dúinn.

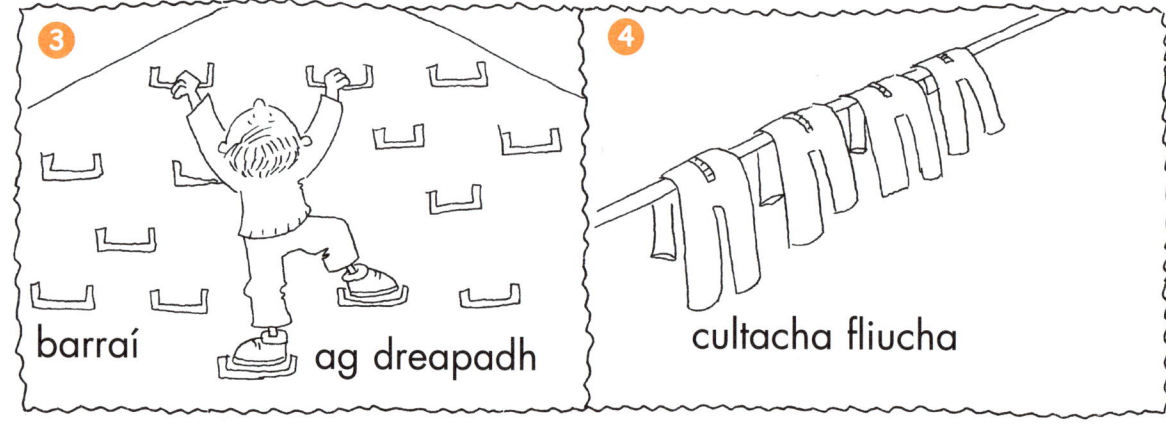

3 barraí — ag dreapadh

4 cultacha fliucha

5 Chrom sé síos.

6 Gháireamar go léir.

2 (a) Turas Scoile

Chuaigh an rang ar thuras scoile inné. Chuamar go Cill Fhionáin. Tá an baile seo i gContae Luimnigh. Thóg bus sinn go páirc mhór. Thug na múinteoirí pictiúir de bhláthanna dúinn. Bhí orainn na bláthanna a mheaitseáil le bláthanna sa pháirc. D'éirigh liom iad go léir a mheaitseáil.

Ansin chuamar isteach i halla mór. Bhí balla ard ar thaobh amháin. Bhí barraí air. Thosaigh mé ag dreapadh an bhalla seo. Thaitin an spórt seo go mór liom.

Thóg bus sinn go dtí an abhainn. Bhí an ghrian ag taitneamh go láidir. Chuireamar cultacha fliucha orainn. Bhí troid mhór uisce againn. Rug Seán ar fhrog. Chaith sé an frog ar ghruaig Chiara. Lig sí scread aisti. Rith sí i ndiaidh Sheáin. Bhí sí níos mire ná é agus sháigh sí é. Thit sé isteach i linn mhór. Gháireamar go léir. Bhí brón orm nuair a bhí orm casadh abhaile. Thaitin an turas scoile sin go mór liom.

(b) Ceisteanna

1. Cá bhfuil an baile Cill Fhionáin?
2. Céard a thug múinteoir duit?
3. Céard a rinne tú sa halla mór?
4. Céard a tharla san abhainn?
5. Cá bhfios duit go raibh áthas ar na páistí nuair a thit Seán isteach i linn mhór?

Foclóir:
Cill Fhionáin = Kilfinane; cultacha fliucha = wet-suits.

(c) Seanfhocal

Tagann an ghrian i ndiaidh na fearthainne.

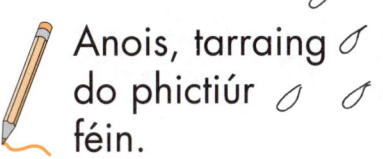

Anois, tarraing do phictiúr féin.

3 (a) Le foghlaim:

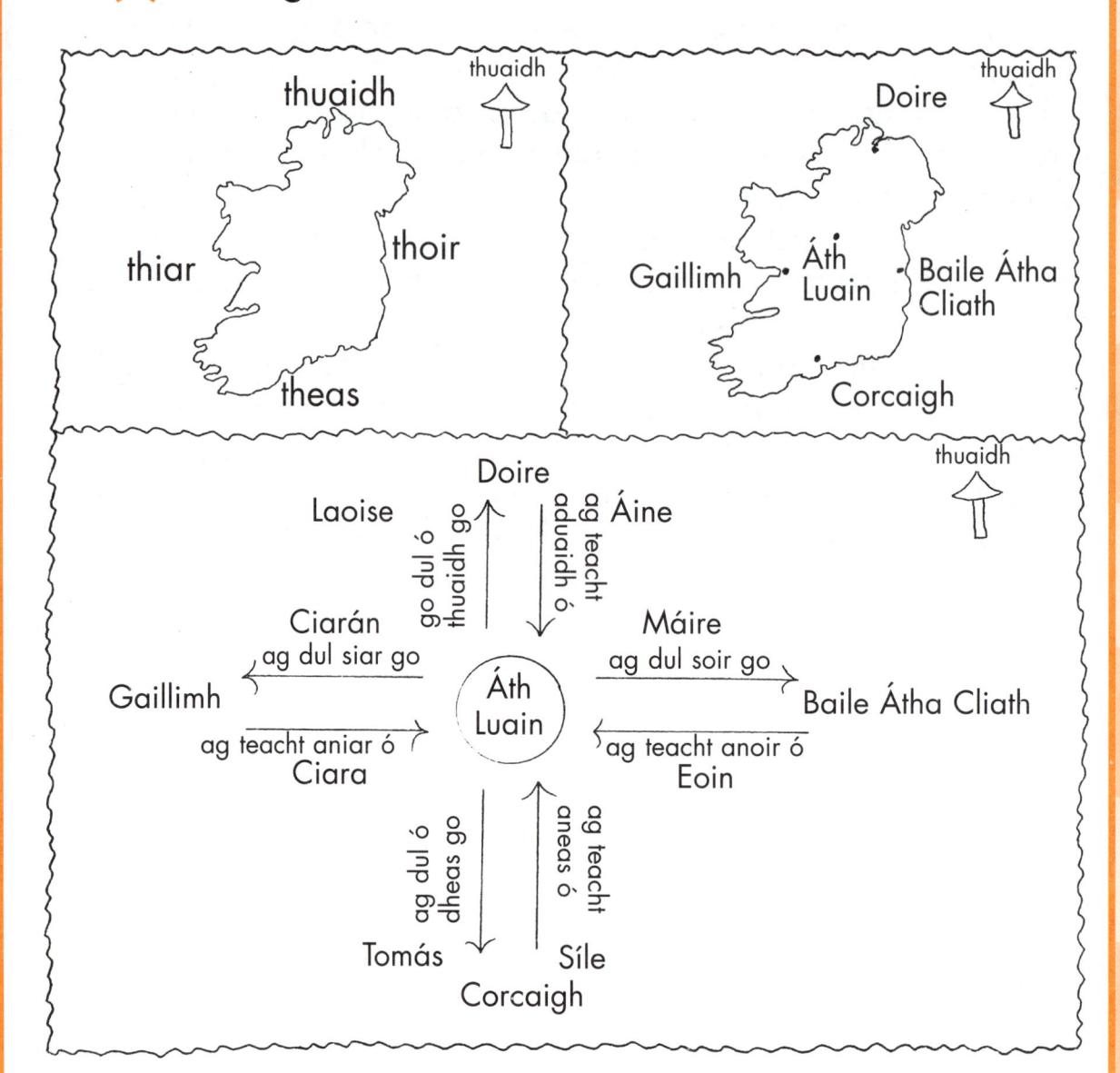

thuaidh

thiar · thoir

theas

Doire · Gaillimh · Áth Luain · Baile Átha Cliath · Corcaigh

Laoise — go dul ó thuaidh go Doire
Áine — ag teacht aduaidh ó Doire
Ciarán — ag dul siar go Gaillimh
Máire — ag dul soir go Baile Átha Cliath
Ciara — ag teacht aniar ó Gaillimh
Eoin — ag teacht anoir ó Baile Átha Cliath
Tomás — ag dul ó dheas go Corcaigh
Síle — ag teacht aneas ó Corcaigh

(Áth Luain sa lár)

(b) Ceisteanna

1. Cá bhfuil Máire ag dul?
2. Cé atá ag dul ó thuaidh go Doire?
3. Cé atá ag teacht aduaidh ó Dhoire?
4. Cé atá ag teacht aneas ó Chorcaigh?
5. An bhfuil Eoin ag teacht aniar ó Ghaillimh?
6. An bhfuil Ciara ag dul siar go Gaillimh?
7. Cé atá ag dul ó dheas?
8. Cé atá ag teacht anoir ó Bhaile Átha Cliath?

4 (a) Le foghlaim:

fada   níos faide   is faide

maith	níos fearr	is fearr	olc	níos measa	is measa
ard	níos airde	is airde	íseal	níos ísle	is ísle
mear	níos mire	is mire	mall	níos maille	is maille
mór	níos mó	is mó	beag	níos lú	is lú
sean	níos sine	is sine	óg	níos óige	is óige
fada	níos faide	is faide	gearr	níos giorra	is giorra
te	níos teo	is teo	fuar	níos fuaire	is fuaire

(b) Scríobh amach na habairtí seo a leanas gan lúibíní:

1. Bhí an Luan níos (te) _____ ná an Déardaoin.
2. Is í Mamaí an duine is (ard) _____ sa teach.
3. Bíonn an aimsir níos (fuar) _____ sa gheimhreadh.
4. Tá an luch níos (beag) _____ ná an cat ach is é an madra an t-ainmhí is (mór) _____ sa teach.
5. Tá an coinín níos (mear) _____ ná an duine, ach is (mall) _____ an coinín ná an t-eitleán.
6. Scríobh Ciara scéal an-mhaith ach scríobh Síle scéal níos (maith) _____.

An Ghaoth   CD Rian 26

An ghaoth aduaidh, bíonn sí crua
Agus cuireann sí fuacht ar dhaoine;
An ghaoth aneas, bíonn sí tais,
Agus cuireann sí rath ar shíolta.

An ghaoth aniar, bíonn sí fial,
Agus cuireann sí iasc i líonta;
An ghaoth anoir, bíonn sí tirim,
Agus cuireann sí sioc san oíche.

Caith an Dísle

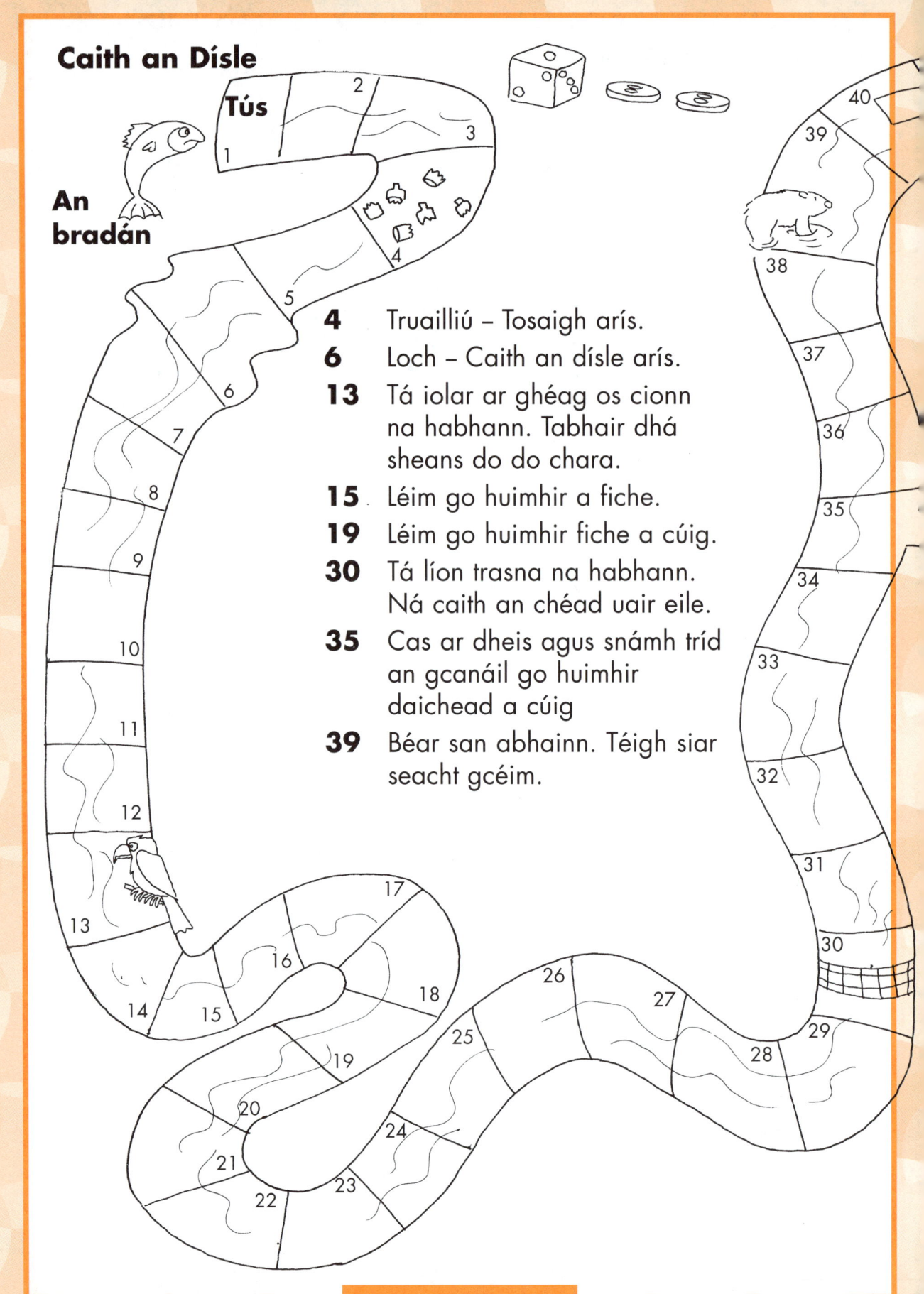

Tús

An bradán

- **4** Truailliú – Tosaigh arís.
- **6** Loch – Caith an dísle arís.
- **13** Tá iolar ar ghéag os cionn na habhann. Tabhair dhá sheans do do chara.
- **15** Léim go huimhir a fiche.
- **19** Léim go huimhir fiche a cúig.
- **30** Tá líon trasna na habhann. Ná caith an chéad uair eile.
- **35** Cas ar dheis agus snámh tríd an gcanáil go huimhir daichead a cúig
- **39** Béar san abhainn. Téigh siar seacht gcéim.

Críoch

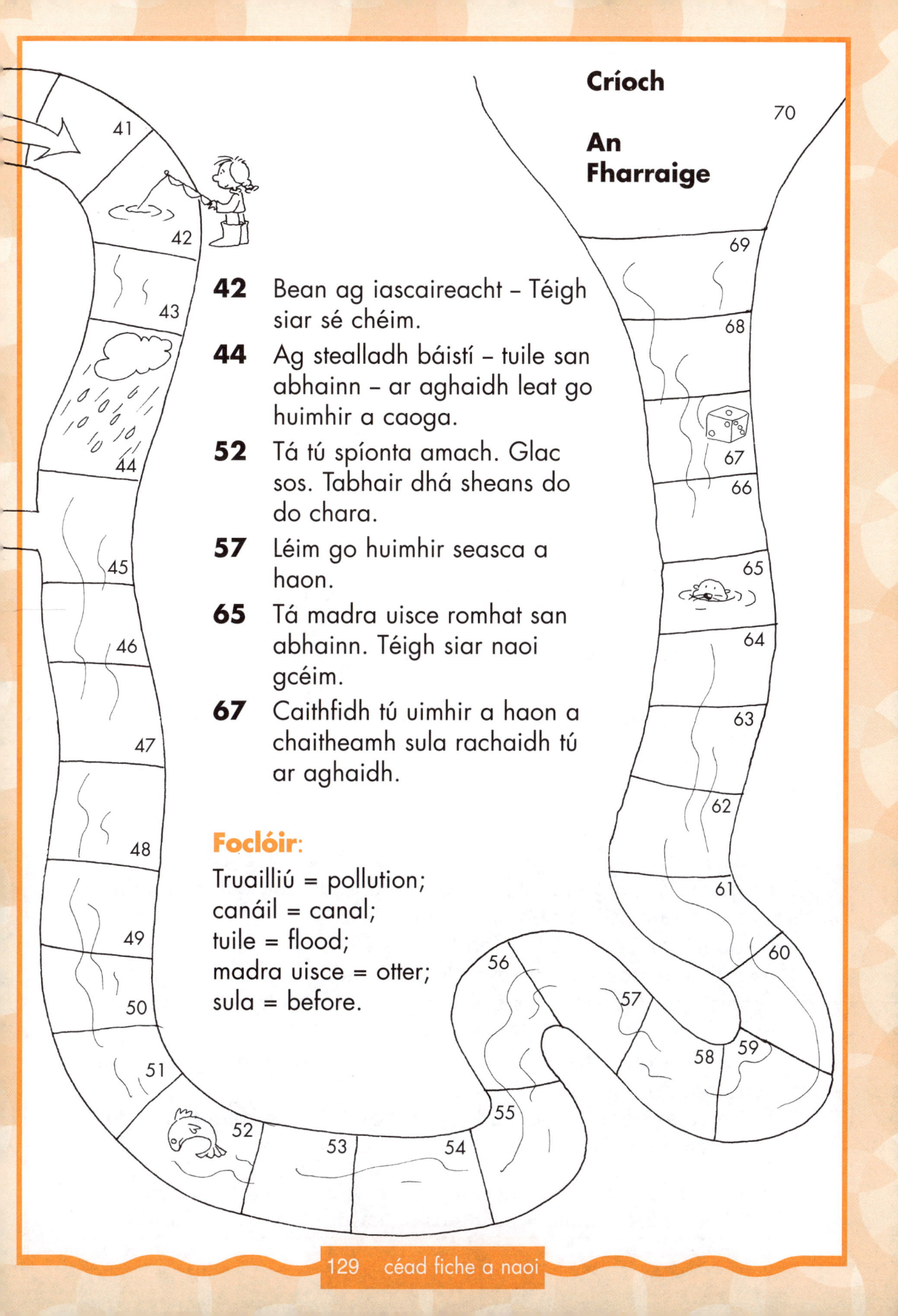

An Fharraige

42 Bean ag iascaireacht – Téigh siar sé chéim.

44 Ag stealladh báistí – tuile san abhainn – ar aghaidh leat go huimhir a caoga.

52 Tá tú spíonta amach. Glac sos. Tabhair dhá sheans do do chara.

57 Léim go huimhir seasca a haon.

65 Tá madra uisce romhat san abhainn. Téigh siar naoi gcéim.

67 Caithfidh tú uimhir a haon a chaitheamh sula rachaidh tú ar aghaidh.

Foclóir:

Truailliú = pollution;
canáil = canal;
tuile = flood;
madra uisce = otter;
sula = before.

CEACHT 25

Pól agus an Leipreachán CD Rian 27

Bhí buachaill ann fadó. Pól Ó Sé ab ainm dó. Lá amháin bhí sé ag siúl trí pháirc nuair a chuala sé tic, teaic, tic, teaic. Stad sé, d'éist sé agus d'fhéach sé. Cad a chonaic sé ach leipreachán. Bhí sé ina shuí ar mhuisiriún agus é ag cur tairne i mbróg le casúr.

"Dia duit, a Phóil," arsa an leipreachán. "Nach deas an madra atá ag siúl i do dhiaidh?"

"Há! há!" arsa Pól. "Tá mé ró-chliste duit. Níl aon mhadra ag siúl i mo dhiaidh.

Rug sé ar an leipreachán.

"Anois taispeáin dom cá bhfuil do chuid airgid," ar seisean.

"Tá go maith, tá go maith," arsa an leipreachán, "ach caithfidh tú freagra ar thomhas a thabhairt dom ar dtús."

"Tá go maith," arsa Pól. "Cén tomhas é?"

"Seo dhuit é mar sin," arsa an leipreachán. "Tá dhá chluais air, tá dhá chois faoi. Ní féidir leis siúl agus tá sé i ngach teach sa tír. Cad é?"

"Sin tomhas an-éasca," arsa Pól. "Siosúr is ea an freagra. An bhfuil an ceart agam?"

"Tá an ceart agat," arsa an leipreachán. "Taispeánfaidh mé duit cá bhfuil mo chuid airgid anois."

Foclóir: tairne = nail; an-éasca = very easy; an treo = the way; na céadta bláth = hundreds of flowers;

Thaispeáin sé an treo do Phól. Shiúil siad amach go lár na páirce. Bhí na céadta bláth ag fás ann.

Nuair a bhí siad i lár na páirce labhair an leipreachán arís.

"Stad," ar seisean. "Tá mo chuid airgid méadar faoin mbláth sin," agus thaispeáin sé an bláth do Phól.

"Ó," arsa Pól. "Caithfidh mé dul abhaile chun spád a fháil. Conas a bheidh a fhios agam cén bláth é nuair a fhillfidh mé?"

"An bhfuil ciarsúr agat?" arsa an leipreachán.

"Tá," arsa Pól agus thóg sé ciarsúr dearg as a phóca. Cheangail an leipreachán an ciarsúr thart timpeall an bhlátha.

"Anois," arsa an leipreachán. "Beidh a fhios agat cá bhfuil mo chuid airgid nuair a fhillfidh tú."

Ní raibh Pól sásta fós.

"Ná cuir do lámh ar an gciarsúr nuair a imeoidh mé," arsa Pól.

"Ní chuirfidh mé," arsa an leipreachán. "Ní leagfaidh mé lámh air. An bhfuil cead agam dul abhaile anois?"

"Tá go maith," arsa Pól. "Is féidir leat dul abhaile anois."

D'imigh an leipreachán i bpreabadh na súl. Rith Pól abhaile go mear. Fuair sé spád agus chas sé ar an bpáirc. Baineadh geit as nuair a d'fhill sé ar an bpáirc. Bhí ciarsúr dearg ar gach bláth sa pháirc. Bhí a fhios ag Pól ansin go raibh buaite air.

Foclóir: labhair sé = he spoke; cheangail sé = he tied; i bpreabadh na súl = in the wink of an eye; go raibh buaite air = that he was beaten.

Ag Dul ar Saoire CD Rian 28

Mamaí: Buíochas le Dia, táimid ar bhord na loinge. Tá mé spíonta amach. A Dhaidí, an bhfuil na ticéid agus na pasanna faoi cheilt agat?
Daidí: Tá, a Mhamaí. Tá siad i mála agam faoi mo léine.
Síle: Tá mise ag dul go dtí an phictiúrlann. A Sheáin, an dtiocfaidh tú liom?
Seán: Tiocfaidh mé ach an bhfuil a fhios agat cá bhfuil sí?
Síle: Níl ach cuirfidh mé fios ar an stíobhard. Ó, féach. Tá sé ag siúl chugainn anois. Gabh mo leithscéal. Cá bhfuil an phictiúrlann, le do thoil?
Stíobhard: Siúil díreach ar aghaidh, cas ar chlé agus feicfidh tú ar an taobh deas í. Ach níl sí ar oscailt fós.
Síle: Cathain a bheidh sí ar oscailt?
Stíobhard: Tosóidh an chéad phictiúr ar a seacht agus mar sin beidh sí ar oscailt ar ceathrú chun a seacht.
Síle: Go raibh maith agat. Féach, a Sheáin, rachaimid go dtí an siopa. Beidh deoch againn.
Seán: Cá bhfuil sé?
Síle: Tá sé thuas ar an deic uachtarach. Tar liom.
Seán: Tá go maith. Ar aghaidh leat. Ó, tá mé cinnte go mbeidh sárthuras againn.

Foclóir: pasanna = passports; stíobhard = steward; deic uachtarach = upper deck.

An tAmhrán Náisiúnta

Curfa
Sinne Fianna Fáil
Atá faoi gheall ag Éirinn
Buíon dár slua
Thar toinn do ráinig chugainn
Faoi mhóid bheith saor
Seantír ár sinsear feasta
Ní fhágfar faoin tíorán ná faoin tráill;
Anocht a théim sa bhearna baoil,
Le gean ar Ghaeil chun báis nó saoil,
Le gunna-scréach faoi lámhach na bpiléar,
Seo libh canaig' Amhrán na bhFiann.

Seo dhaoibh, a chairde, duan Óglaigh,
Caithréimeach, bríomhar, ceolmhar
Ar dtinte cnámh' go buacach táid
's an spéir go mín réaltógach.
Is fonnmhar faobhrach sinn chun gleo,
's go tiúnmhar glé roimh thíocht don ló,
Faoi chiúnas caomh na hoíche ar seol,
Seo libh, canaig' Amhrán na bhFiann.

CEACHT 26

1 (a) Le foghlaim:

1 Cad a cheannaigh tú inné?
1 Cheannaigh mé cam**án** inné.

2 Cad a cheannaigh tú inné?
2 Cheannaigh mé cam**áin** inné.

Uatha	Iolra	Uatha	Iolra
an cam**án**	na cam**áin**	an scann**án**	na scann**áin**
an nuacht**án**	na nuacht**áin**	an slig**án**	na slig**áin**
an scáth**án**	na scáth**áin**	an cuar**án**	na cuar**áin**
an b**ád**	na b**áid**	an leabh**ar**	na leabh**air**

(b) Líon na bearnaí:

Uatha	Iolra	Uatha	Iolra
an breagán	na _____	an capall	na _____
an scriosán	na _____	an leon	na _____
an líreacán	na _____	an bord	na _____
an milseán	na _____	an cat	na _____

1 Ar tharraing tú an dall**óg** anuas?
1 Tharraing mé an dall**óg** anuas.

2 Ar tharraing tú na dall**óga** anuas?
2 Tharraing mé na dall**óga** anuas.

2 (a) Le foghlaim:

Uatha	Iolra	Uatha	Iolra
an duill**eog**	na duill**eoga**	an pháirc	na páirceanna
an fháinl**eog**	na fáinl**eoga**	an tsráid	na sráideanna
an chuil**eog**	na cuil**eoga**	an chos	na cosa

(b) Líon na bearnaí:

Uatha	Iolra	Uatha	Iolra
an bhróg	na _____	an scoil	na _____
an fhuinneog	na _____	an cheist	na _____
an spideog	na _____	an ghéag	na _____
an phléascóg	na _____	an chluas	na _____

3 (a) Le foghlaim:

1 An bhfuil rialóir agat?
1 Tá rialóir agam.

2 An bhfuil rialóirí agaibh?
2 Tá rialóirí againn.

Uatha	Iolra	Uatha	Iolra
an feirmeoir	na feirmeoirí	an búistéir	na búistéirí
an réiteoir	na réiteoirí	an poitigéir	na poitigéirí

(b) Líon na bearnaí:

Uatha	Iolra	Uatha	Iolra
an dochtúir	na _____	an saighdiúir	na _____
an múinteoir	na _____	an péintéir	na _____
an tarracóir	na _____	an grósaeir	na _____
an tuismitheoir	na _____	an siopadóir	na _____
an glantóir	na _____	an fiaclóir	na _____

1 Cad tá agat?
1 (a) Tá piorra agam. (b) Tá cúisín agam.

2 Cad tá agat?
2 (a) Tá piorraí agam. (b) Tá cúisíní agam.

4 (a) Le foghlaim:

Uatha	Iolra	Uatha	Iolra
an mála	na málaí	an cailín	na cailíní
an ceapaire	na ceapairí	an cúilín	na cúilíní

(b) Líon na bearnaí:

Uatha	Iolra	Uatha	Iolra
an banana	na _____	an ribín	na _____
an cárta	na _____	an báisín	na _____
an cluiche	na _____	an cipín	na _____
an seomra	na _____	an coinín	na _____
an cigire	na _____	an gairdín	na _____

5 (a) Le foghlaim:

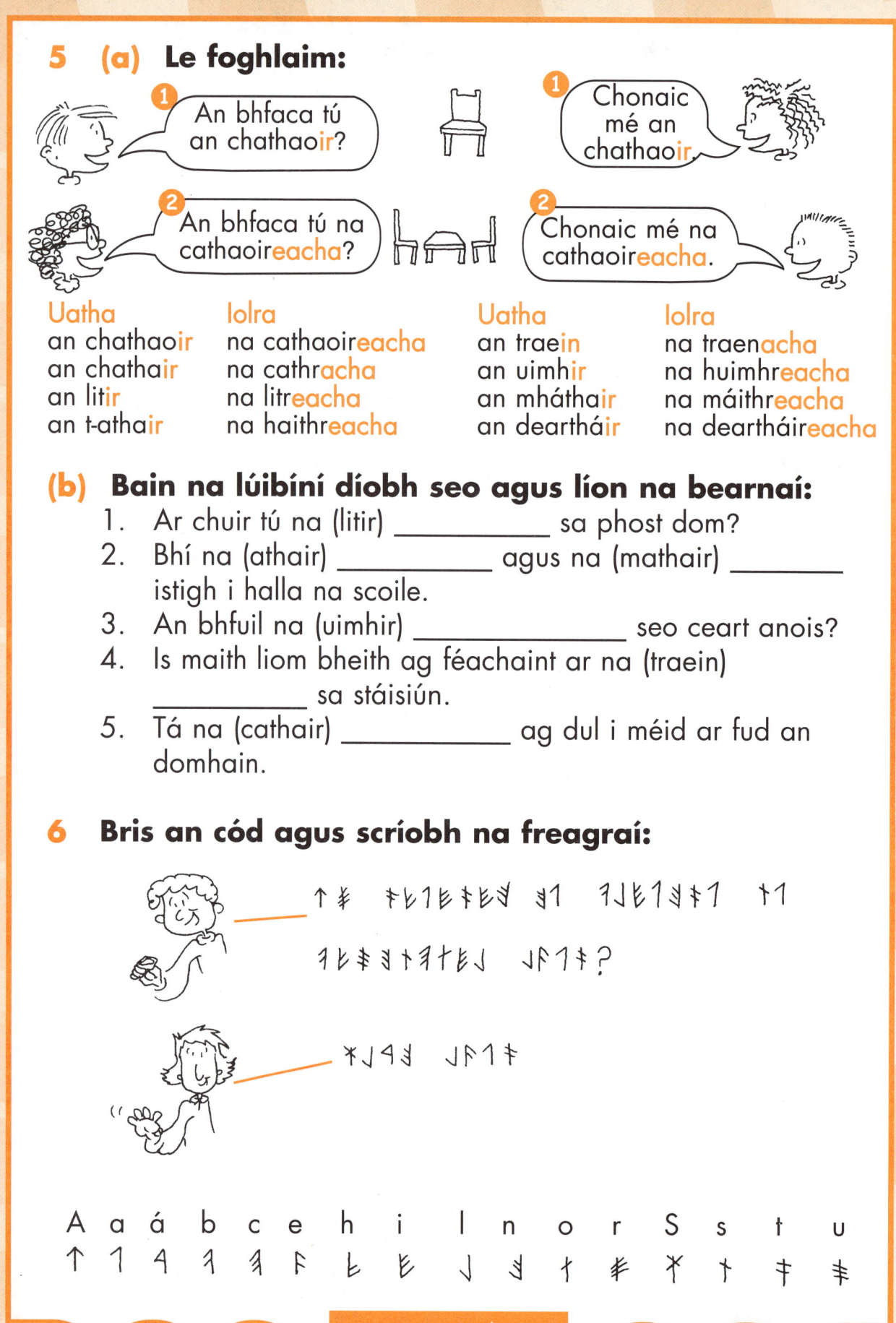

1 An bhfaca tú an chathao**ir**?

1 Chonaic mé an chathao**ir**.

2 An bhfaca tú na cathaoir**eacha**?

2 Chonaic mé na cathaoir**eacha**.

Uatha	Iolra	Uatha	Iolra
an chathao**ir**	na cathaoir**eacha**	an trae**in**	na traen**acha**
an chatha**ir**	na cathr**acha**	an uimh**ir**	na huimhr**eacha**
an lit**ir**	na litr**eacha**	an mhátha**ir**	na máithr**eacha**
an t-atha**ir**	na haithr**eacha**	an dearthái**r**	na deartháir**eacha**

(b) Bain na lúibíní díobh seo agus líon na bearnaí:

1. Ar chuir tú na (litir) _____ sa phost dom?
2. Bhí na (athair) _____ agus na (mathair) _____ istigh i halla na scoile.
3. An bhfuil na (uimhir) _____ seo ceart anois?
4. Is maith liom bheith ag féachaint ar na (traein) _____ sa stáisiún.
5. Tá na (cathair) _____ ag dul i méid ar fud an domhain.

6 Bris an cód agus scríobh na freagraí:

A	a	á	b	c	e	h	i	l	n	o	r	S	s	t	u

LITRIÚ

1
tinneas
inné
cráite
uachtar
fiaclóir
fáilteoir
rompu
seomra
Thosaigh sé
Ghlaoigh sí
sneachta
Scrúdaigh sí
Chonaic sí
Fuair sí
scáthán
steallaire
drandal
airgead
chuaigh sé
abhaile

2
peannchara
ina cónaí
deartháir
árasán
ceithre
amháin
a hathair
a máthair
codlata
cistin
Tosaíonn sí
leathuair
ag foghlaim
sa gheimhreadh
leac oighir

abhainn
ag scátáil
Cuireann sí
ag sciáil
nuacht

3
a dheirfiúr
ina gcónaí
Cheannaigh sé
Tháinig sé
beirt fhear
leoraí
chuir sé
na gréithe
na héadaí
leabhair
ríomhaire
leapacha
vardrúis
Shroich siad
boscaí
cófraí
seilfeanna
gnóthach
tuirseach
traochta

4
Corcaigh
Doire
Dé Domhnaigh
suíochán
Thosaigh sé
réiteoir
leadránach
calaois
Thaispeáin sé

uafásach
imeacht
níos fearr
lántosaí
na foirne
ar comhscór
liathróid
shleamhnaigh sé
lánchúlaí
cúilín
an fheadóg

5
(**Dul Siar**)

6
cuairteoirí
ag obair
páistí
ag déanamh
ríomhaire
ciúnas
díreach
coimhthíoch
coróin
shiúil sé
glaethéip
Sháigh sé
rialóir
thaitin
leabhar
múinteoir
Ghabh sé
spáslong
buíochas
dearmad

7
aréir
Tháinig sé
a cairde
féasta
D'imir siad
cluichí
Chroch sí
páistí
Theip air
púicín
ar shúile
i ndiaidh
cathaoir
Thosaigh sé
ag gáire
físeán
scéin an domhain
pléascóga
abhaile
cinnte

8
Sailéad
ar cuairt
seo caite
D'ullmhaigh mé
D'oscail mé
cuisneoir
duilleog
sa doirteal
babhla
Shrac mé
trátaí
Ghearr mé
slisní
freisin
Mhaisigh mé

Thosaigh sí
go tobann
uafásach
leithscéal
ceacht

9
bearbaiciú
tráthnóna
cuireadh
Tháinig sí
ispíní
gríscíní
buidéil
gualach
burgair
déanta
Rinne sí
róstadh
Sháigh sí
talamh
uaill
Dhóigh sé
Theith sé
an-bhlasta
téipeanna
chodail sé

10
(Dul Siar)

11
banna ceoil
Sheol siad
Teilifís
seachtain
cuireadh
Chuaigh siad
Satharn
fáilteoir
rompu

fáilte
stiúideo
Chonaic sí
ceamaraí
spotsoilse
cleachtadh
stiúrthóir
D'fhógair sí
sheinn siad
bualadh bos
a gcairde

12
Muire
Iósaf
gach duine
a chlárú
Beithil
ag iompar
ar dhroim
chun bóthair
Tháinig siad
Lorg siad
áit chodlata
teach ósta
stábla
Chuaigh sí
leanbh
anseo
Coimeád
Shéid sí
anáil
bród

13
Sladmhargadh
Dé Luain
chuala sí
siopa éadaigh
scuaine
D'oscail sé

Níorbh fhada
daoine
Cheannaigh sí
ciarsúir
léinte
fobhrístí
veisteanna
carbhait
D'fhéach sí
Cheap sí
siúlscéalaí
Chonaic sí
staighre
D'íoc sí

14
Thaistil sí
ar thraein
Dé Sathairn
an Ghaillimh
tacsaí
stáisiún
dhá thicéad
an t-ádh
dhá shuíochán
Thosaigh sí
ag léamh
irisleabhair
os comhair
uaithi
Mhothaigh sí
Shroich siad
Roinn sí
seoladh
Scríobhfaidh
chuici

15
(Dul Siar)

16
bronntanas
mo bhreithlá
Dé hAoine
An Satharn
Leanaim
réalta
ag imirt
I gcoinne
réiteoir
cluiche
imreoirí
ag marcáil
leadránach
tosaí
cúinne
d'éirigh sé
cosúil
roicéad
liathróid
Ní dhéanfaidh mé

17
an ghráinneog
an t-earrach
Dúisíonn sí
nuair
uirthi
Lorgaíonn sí
péisteanna
froganna
cloiseann sí
ag eitilt
ag canadh
Feiceann sí
duilleoga
cipíní
bláthanna
na caoirigh
ag méileach
feirmeoir

tarracóir
spíonta

18
cuairt
ceathach
Bhuail mé
mo chol ceathar
Chuidigh mé
Thiomáin mé
isteach
sa bhleánlann
Chuala mé
an chuach
capall
ina sheasamh
marcaíocht
shiúil sé
Thosaigh sé
Thaitin
Phioc mé
Rinneamar
buíochas
cuiríní

19
timpiste
ag teacht
staighre
maidin
leabhar
Ní fhaca
Sheas sé
uafásach
glaoch
otharcharr
an t-ospidéal
in éineacht
banaltra
Fuair sé
tacsaí

abhaile
Scríobh sé
díomá
ag súgradh
anuas

20
(Dul Siar)

21
culaith
uirthi
an chathair
siopa éadaigh
cufaí
muinchillí
Cheap sí
go hálainn
rófhada
seaicéad
cosúil
bléasar
cnaipí
sciorta
Thaitin siad
freisin
siopadóir
ríméad
Beidh
bród an domhain

22
Garda
ina chónaí
leathscoite
Caitheann sé
ar diúité
caipín
tuineach
carbhat
dúghorm

siúlscéalaí
smachtín
faoi cheilt
annamh
ar patról
ar ghluaisrothar
seaicéad
ligeann
an bháisteach
lámhainní
clogad

23
Coláiste
súil
tosaíonn
deich a chlog
ranganna
drámaí
cluichí
féidir
an fheadóg
Imrím
leadóg
iománaíocht
san fharraige
liathróid
taobh thiar
céilí
Gaelach
ar eolas
an bhliain
Scríobh

24
Chuamar
múinteoirí
pictiúir
orainn
bláthanna
a mheaitseáil

sa pháirc
D'éirigh liom
barraí
ag dreapadh
Thaitin sé
abhainn
an ghrian
ag taitneamh
Chuireamar
cultacha
ar ghruaig
scread
I ndiaidh
Gháireamar

25
(Dul Siar)

CEISTEANNA

1. Cad? (What?)
2. Céard? (What?)
3. Cé? (Who?)
4. Conas? (How?)
5. Cén chaoi? (How?)
6. Cé (Cá) mhéad? (How many?)
7. An mó? (How many?)
8. Cathain? (When?)
9. Cén t-am? (What time?)
10. Cá? (Where?)
11. Cár? (Where?)
12. Ar? (Did?)
13. An? (Does?)
14. Cén fáth? (Why?)
15. Meas tú? (Do you think?)
16. An dóigh leat? (Do you think?)

RIALACHA GRAMADAÍ

h

1. sa mhála
2. mo mhála
   do bhríste
   a bhríste
   a bríste (cailín)
3. **Aimsir chaite**: Ghlan mé
4. i mo chodladh
   i do chodladh
   ina chodladh
   ina codladh (cailín)

5. Tá caipín ar Thomás.
6. Thug mé euro do Sheán.
7. Thug mé camán don chailín.
8. Thit mé de chrann inné.
9. Thit crúsca den bhord inné.
10. Fuair mé scriosán ó Chiara.
11. Ní raibh Áine ag magadh faoi Cholm.
12. Chuala mé madra ag tafann roimh mhaidin.
13. aon charr amháin
14. dhá (trí, ceithre, cúig, sé) charr.
15. aon hata dhéag
    dhá hata dhéag
16. aon chailín amháin
17. beirt chailíní

urú

1. ár gcótaí
   bhur gcótaí
   a gcótaí
2. inár gcodladh
   in bhur gcodladh
   ina gcodladh

3. Tá an glaethéip ar an mbord.
4. Bhuail mé an sliotar leis an gcamán.
5. Tá bléasar nua ag an mbuachaill sin.
6. Ní bhfuair mé piollairí ón bpoitigéir.
7. Níor léim cat as an mbosca.
8. Ní fhaca mé luch faoin gcathaoir.
9. Chuir an múinteoir fáilte roimh an gcigire.
10. Shiúil an garda chuig an ngadaí.
11. seacht (ocht, naoi, deich) gcarr
12. seacht (ocht, naoi, deich) n-uan

NA BRIATHRA

An Chéad Réimniú

Chan mé = I sang
Dhún mé = I closed
Ghlan mé = I cleaned
Ghearr mé = I cut
Thóg mé = I took
Chas mé = I turned
Phioc mé = I picked
Sheas mé = I stood
Chroch mé = I hung
Cheap mé = I thought
Chíor mé = I combed
D'fhan mé = I stayed
D'fhág mé = I left
D'fhéach mé = I looked
D'fhás mé = I grew
Dhíol mé = I sold

D'ól mé = I drank
D'íoc mé = I paid
Stop mé = I stopped
Stad mé = I stopped
Las mé = I lit
Scríobh mé = I wrote
Shiúil mé = I walked
Scuab mé = I brushed
Leag mé = I knocked
Líon mé = I filled

Chuir mé = I put
Gháir mé = I laughed
Shín mé = I stretched
Bhris mé = I broke
Ghoid mé = I stole

D'éist mé = I listened
Shéid mé = I blew
Sheinn mé = I played
Theip orm = I failed
Chaill mé = I lost
Thit mé = I fell
Shroich mé = I arrived
Bhuail mé = I struck
Chaith mé = I threw
Throid mé = I fought
Thuill mé = I earned
Léim mé = I jumped
Rith mé = I ran
Nigh mé = I washed
Léigh mé = I read
Luigh mé = I lay

An Dara Réimniú

Scrúdaigh mé = I examined
Cheannaigh mé = I bought
Bhrostaigh mé = I hurried
Thosaigh mé = I began
Mharaigh mé = I killed
Chríochnaigh mé = I finished
Chiorclaigh mé = I circled
Shleamhnaigh mé = I slipped
Mhothaigh mé = I felt
Ghortaigh mé = I hurt
Chuardaigh mé = I searched
D'oscail mé = I opened
Chodail mé = I slept
Cheangail mé = I tied

Bhailigh mé = I gathered
Mhaisigh mé = I decorated
Chuidigh mé = I helped
Chuimhnigh mé = I remembered
Mhínigh mé = I explained
Dhúisigh mé = I awoke
Dheisigh mé = I fixed
Chruinnigh mé = I gathered
Cheistigh mé = I questioned
D'éirigh mé = I got up
D'oibrigh mé = I worked
D'ísligh mé = I lowered
D'imigh mé = I went
D'imir mé = I played

Na Briathra Neamhrialta

Bhí mé = I was
Chuaigh mé = I went
Thug mé = I gave
D'ith mé = I ate
Dúirt mé = I said
Tháinig mé = I came

Fuair mé = I got
Rug mé = I caught
Chuala mé = I heard
Rinne mé = I made
Chonaic mé = I saw